평범함의 힘

평범함의 힘

모두가 따르는 틀에 답이 있다

미타 노리후사 지음 | 강석무 옮김

21세기북스

프롤로그

세상이 따르는
평범함에
'힘'이 있다

사회가 만든
개성에 대한 환상이
젊은이들의
발목을 잡고 있다.
그렇기 때문에
나는 말하고 싶다.
'개성을 버리고 틀을 따라라'
라고.

만화가인 내가 이런 책을 내는 것에 대해 이상하게 생각하는 분들도 많을 것이다.

나는 《꼴찌, 동경대 가다》(고단샤)(드라마 〈공부의 신〉의 원작 만화), 《머니의 켄》(소학관), 《취업 매니저》(집영사) 등을 그린 현역 만화가이다.

특히 평균 성적이 30점 대인 문제아 고등학생들이 동경대학 입시에 도전하는 모습을 그린 《꼴찌, 동경대 가다》는 예상보다 큰 인기를 얻어, 영광스럽게도 텔레비전 드라마로 만들어지기도 했다.

한편 《머니의 켄》이라는 만화는 전 복싱 세계챔피언이 은퇴 후 비즈니스 세계에서 챔피언이 되는 모습을 그린 작품이다.

이러한 만화를 그리는 과정에서 나는 많은 자료들을 찾아보았고, 실제 현장에 나가 취재도 했다. 《꼴찌, 동경대 가다》가 히트를 치면서 강연회도 여러 차례 하면서, 거기서 교육관계자들과 의견을 교환하는 기회들이 많았다. 그러면서 나는 예전부터 갖고 있던 개인적 견해가 옳다는 것에 더욱 확신을 가지게 되었다. 그것은 다음과 같은 두 가지 생각이다.

"개성은 필요 없다."

"틀을 따르는 것이야말로 성공의 길이다."

독자들에게 이러한 생각을 보다 직접적인 말로 전하기 위해, 이번에는 만화가 아닌 일반서라는 방식을 채택했다.

예를 들어 시부야 같은 번화가에 가보면 대단히 '개성적'인 패션을 한 젊은이들을 만날 수 있다.

그러나 지나치는 몇몇 젊은이들을 유심히 살펴보고 있노라면 이상한 느낌이 든다. 소위 개성파라는 그들의 패션이 상당히 비슷하기 때문이다.

즉 '이것이 개성적'이라는 '틀'이 있어 그냥 그 '틀'대로의 꾸미고 있는 것이다.

물론 그런 것을 유행이라고 보고 대수롭지 않게 여길 수도 있겠지만, 나는 이렇게 개인이 자연스럽게 수용하고 있는 '틀'이라는 것에 큰 관심이 있었다. 다른 사람에게 멋있어 보이거나 개성적으로 보이는 데에는 그렇게 보일 수 있게 하는 일종의 '틀'이라는 것이 있는 것은 아닐까?

세상의 성공한 사람들은 모두 그 '틀'을 제대로 실천하여 그러한 성공을 이룬 것이 아닐까?

오랜 생각 끝에 나는 하나의 결론에 도달했다.

세상에는 성공에 필요한 '틀'이 있다.

개성과 재능보다는 준비된 '틀'에 맞추면 된다.

오히려 어중간한 재능은 방해가 될 뿐이다. 그런 건 과감하게 버리는 것이 낫다.

요즘 세상은 개성을 중시한다는 명목으로 자유가 존중된다.

학교에서도 획일화된 교육을 지양하고 아이들의 개성을 키우는 쪽으로 노력하며, 체벌은 받아들여지지 않는다.

기업에서도 능력주의나 성과주의가 도입되어 예전의 연공서

열이나 종신고용제도는 구시대의 유물이 되었다.

과연 이러한 사회적 풍조는 바른 것일까?

개성이 그렇게 중요한 것일까?

개성이 시대와 사회가 안고 있는 문제를 해결할 열쇠가 될 수 있을까?

나는 그렇다고 생각하지 않는다.

오히려, 사회가 안겨준 개성에 대한 환상이 젊은이들의 발목을 잡고 옴짝달싹 못하게 하고 있다.

'개성이 없는 인간은 필요 없다'는 풍조가 확산되면서, 많은 젊은이들이 현실을 제대로 보지 못하고 환상을 좇아 헤매고 있는 것으로 보인다.

그렇기 때문에 나는 말하고 싶다.

'개성을 버려라! 틀을 따르라'라고.

이 책에서 나는 이처럼 약간은 과격한 주장을 하고 있다. 한 사람이라도 많은 독자들이 뭔가를 느끼고, 새로운 한 걸음을 내딛는 계기가 되기를 바라기 때문이다. 그렇게 된다면 더할 나위 없이 기쁠 것이다.

프롤로그 세상이 따르는 평범함에 '힘'이 있다 ———— 005

제1부 성공하고 싶다면 평범함의 룰인 '틀'을 따라라

01 성공의 지름길은 '틀'을 익히는 데 있다

성공은 최단거리에서 잡아라! ———— 023
성공의 지름길은 잘 닦인 포장도로다 ———— 027
사람들은 누구나 성공의 '틀'을 알고 싶어 한다 ———— 030

02 개성적인 인생은 멋지지 않다

개성보다는 '틀'을 익히는 게 중요하다 ———— 035
'평범함'만큼 어려운 것은 없다 ———— 039
선구자보다 두 번째를 노려라! ———— 043

03 우선은 중간을 노려라

완벽주의를 포기하라! ———— 049
'틀'을 가진 다음에 '파격'이 가능하다 ———— 053

제 2 부 기획도 아이디어도 '틀'에서 만들어진다!

04 아이디어에 재능이 꼭 필요한 것은 아니다

창조는 '조합'이다! 063
오리지널이 되고 싶은 마음을 버려라 067
우선은 '코드'를 익혀라! 071

05 결과를 만드는 게 중요하다

기본을 따르는 것이 왕도다 077
'모방'과 '응용'을 무기로 삼자 082
'틀'은 창조적 응용의 원동력 085

06 상식의 커튼에 불을 질러라

과거의 실패를 재활용하라 091
상식을 뒤집어 생각해보자 094

제 3 부 지금까지의 자신에서 자유로워지자

07 지금까지 입고 있던 옷을 벗어라

당신은 '유일한 나(only one)'가 아니다! 105
헌옷을 벗어야 새옷을 입을 수 있다 108
'꿈'에 발목 잡히지 마라 111

08 고집을 버리면 가벼워질 수 있다!

열린 마음으로 다른 사람의 말을 들어라 117
잔업은 자랑할 일이 아니다 120

09 자신의 역량을 정확히 알아라!

괴짜보다 평범한 사람이 낫다 125
거물의 '틀'을 훔쳐라! 128

제 4 부 전통적 수직사회에는 훌륭한 점이 있다!

10 사회에서 통하는 수직사회 논리를 배우자

수직사회는 재평가되어야 한다 — 139

개인기에 의존하는 조직은 왜 약할까? — 141

조직은 '틀'이 있어야 제대로 기능한다 — 144

11 수직사회에는 장점이 있다

수직사회는 소속감을 높인다 — 151

쓰레기 같은 상사에게도 배울 점은 있다 — 154

개인주의는 무책임하다 — 157

12 윗사람을 통해 배우고 성장하라

스모에서 배우는 '수직사회'의 좋은 점 — 163

상사는 자신을 이끌어주는 사람이다 — 167

일단은 따르고 배우라 — 170

제5부 개성과 자유보다 '틀'을 배워라

13 전통과 형식에 답이 있다

전통과 형식에 깃든 아름다움 — 179
왜 유토리 교육은 실패했을까? — 182

14 개성을 키우지 말고 '틀'을 주입해라

개성보다는 '틀'을 먼저 익혀라 — 189
아이와 친구가 되려 하지 마라 — 191
불합리한 일에는 단순한 설명이 좋다 — 193

15 세상 사는 법을 바르게 익히자

'부끄러움'의 감각을 알자 — 199
학교 교육은 학력을 수치화하는 것이다 — 202

제 6 부 고유한 전통의 '틀'로써 승부하라

16 서구화는 답이 아니다

'세계의 상식'에 침을 뱉어라!! 211
일상의 '틀'에 긍지를 가져라 214
'틀'이 있으면 품격은 따라온다 217

17 심각하기보다는 인생을 즐겨라

현실적인 장사꾼 정신이 즐겁다 223
일하는 목적은 즐거운 인생을 위해 227
당당하게 겉치레로 살아가자 230
평범한 '틀' 속에 멋이 있다 233

18 진짜 개성은 이렇게 만들어진다

항상 다음의 '틀'을 생각해라! 237
그래도 개성을 갖고 싶은 당신에게 241

에필로그 모든 답은 '평범함'에 있다 247

제1부

성공하고 싶다면 평범함의 룰인 '틀'을 따라라

01

성공의 지름길은
'틀'을
익히는 데 있다

02

개성적인
인생은
멋지지 않다

03

우선은
중간을 노려라

“ 쉽게 성공하려면 잘 닦여진 지름길로 가라. ”

01

성공의 지름길은 '틀'을 익히는 데 있다

멀리 돌아가면
성공은 도망가버린다.
그러므로
최단거리에서 쫓아가
잡아야 한다.

성공은 최단거리에서 잡아라!

누구나 성공을 원한다.

나도 당신도 다른 사람도, 모두가 성공하고 싶다고 생각한다.

우선은 이 '성공'을 출발점으로 이야기를 풀어나가도록 하자.

만약, 당신이 '나는 적당한 정도면 족해. 성공에는 큰 뜻이 없어'라고 생각하고 있다고 해도 이야기는 마찬가지다.

왜냐하면, 그 '적당한 정도'야말로 당신에게는 '성공'인 것이다.

적어도 '하층민'이나 '패자'는 되고 싶지 않다는 생각이 밑에 깔려 있으니 말이다.

그렇다면 당신은 자신의 성공에 대해 어느 정도 진지하게 생각하고 실행하고 있는가?

만화가라는 직업상, 많은 사람들이 보조작가가 되고 싶다며 찾아온다. 그들은 모두 '장래 만화가가 되고 싶다'고 생각하고 있는, 그야말로 전형적인 '성공을 꿈꾸는 사람'들이다.

그들을 면접할 때 빠뜨리지 않는 질문이 있다. "지금까지 만화를 그려본 적은 있는가?" 하는 질문이다. 그러나 놀랍게도

"아직 만화를 그려본 적은 없습니다"라는 대답을 많이 듣곤 한다.

"아니, 그려본 적이 없다니, 만화가가 되고 싶다고 하지 않았나?"

"네, 하지만 아직 기술이 부족해서 그리고 있지 않습니다. 그래도 여기서 배우게 해주신다면 그릴 수 있을 거라고 생각합니다."

나로서는 잘 이해가 가지 않는 대목이다.

만화라는 건 종이와 연필만 있으면 언제 어디서나 그릴 수 있는 것이다.

만화를 배워서 시작하겠다는 여유가 있다면, 자기 작품을 많이 그려서 신인상에 응모를 하거나 경험을 많이 쌓는 편이 낫다. 이것이 무엇보다 빠른 배움의 길이다.

물론 좋아하는 만화가 밑에서 일을 하며 프로들이 일하는 자세를 직접 보는 것 자체는 나쁘지 않지만 그것이 만화를 '그리지 않는 이유'가 될 수는 없는 것이다.

이것은 비단 만화가에게만 해당되는 이야기는 아니다.

저렇게 되고 싶어, 이렇게 되고 싶어, 좀 더 보람 있는 일을 하고 싶어, 말로는 꿈을 이야기하면서 실제로는 아무 행동도 하지 않는 사람들이 많다.

그러면서 항상 '언젠가 머지 않아 시작하자'라든지 '기회가 오면 하자'라고 생각하며 늘 미루는 일을 반복한다.

이 얼마나 안일한 생각이며 어이없는 착각인가. 단언컨대 '언젠가 머지 않아'라는 때는 결국 오지 않을 것이며, 결국 꿈은 허망하게 생각으로 끝나버리고 말 것이다.

하물며 '기회가 오면'이라니, 이만저만한 착각이 아니다.

만약 기회가 남아 있다고 한다면 행동으로 옮길 타이밍은 '지금'인 것이다. 아니, 실은 '지금'이라고 해도 너무 늦었을 수도 있다. 길을 돌아서 갈 여유가 기다리고 있는 곳은 어디에도 없다.

《꼴찌, 동경대 가다》의 주인공, 사쿠라기 겐지라면 필시 이렇게 말할 것이다.

“성공은 최단거리에서 잡아!”

그리고 이렇게 말을 이을 것이다.

“멀리 돌아가면 성공은 도망가버려. 최단거리에서 쫓아가야만 성공할 수 있다구!”

확실히 그렇다.

성공의 지름길은 잘 닦인 포장도로다

그렇다면 대체 성공의 지름길이란 어떤 길일까?

어떻게 해야 빠르고 합리적으로 그리고 확실하게 성공을 손에 넣을 수 있을까.

나는 이에 대해 확고한 답을 가지고 있다.

한마디로, 깨끗하게 포장된 고속도로를 달리는 것이다.

지름길은 우왕좌왕하며 찾아다니는 것이 아니며, 스스로 과감하게 개척해나가는 것도 아니다. 누군가 미리 정비해둔 도로를, 빠른 속도로 달려나가는 것이다. 이보다 좋은 지름길은 없다.

물론 이렇게 말하면 대개는 맥이 빠져버리겠지만 구체적인 예를 들면 이해가 쉬울 것이다.

예를 들면 젓가락으로 구운 생선을 먹을 때, 생선 살을 깨끗하게 남기지 않고 먹고 싶다면 일단 '바른 젓가락질'을 익혀야 한다.

결코 '좀 더 나은 젓가락질'이나 '나만의 젓가락질'을 모색해서는 안 된다. 그런 시행착오는 아주 오랜 옛날에 선조들이 이미 끝낸 것으로, '바른 젓가락질은 이렇게'라고 정해져 있는 것이다.

지금의 '바른 젓가락질'이라고 하는 것은 선조들이 시행착오를 거친 결과로서의 '틀'인 것이다.

좀 더 쉬운 예를 들어보자.

돈이나 숫자 등을 계산할 때 가끔 계산착오가 생길 수가 있는데, 자칫하면 단순한 한 자릿수의 덧셈·뺄셈에서도 틀릴 수가 있다.

그런데 곱셈인 경우는 거의 틀리는 법이 없다.

왜냐하면 한 자릿수의 곱셈은 '구구단'으로 이미 외우고 있기 때문이다.

그야말로 논리를 뺀 암기, 하나의 '틀'로서 외우고 있기 때문에 반사적으로 정확한 계산을 할 수 있는 것이다.

왠지 모르게 머리에 쏙 들어오는 예가 아닌가?

젓가락 쥐는 법이나 곱셈의 구구단만이 아니라 일, 공부, 사람들과의 교류까지 모든 것에는 '틀'이 준비되어 있다. 그 '틀'을 재빨리 찾아내어, 내 것으로 익힐 것인가 아닌가. 그것만이 최단거리로 성공에 이를 수 있는 조건인 것이다.

나의 대표작이 된 만화 《꼴찌, 동경대 가다》는 평균점수 30점 대의 고등학생이 1년 안에 동경대 합격을 노린다는, 꽤나 무모한 이야기이다. 공부도 못하고 꿈도 근성도 없는 그런 문제아 고교생이 동경대에 합격하려면 뭐가 필요할까. 내 기술은 그들에게 철저하게 '틀'을 주입시키는 것이었다.

개성이나 자주성, 독창성 같은 달콤한 말은 한마디도 하지 않았고 마법 같은 숨겨진 기술도 없었다.

오로지 수험의 경향에 맞춰 그 대책을 반복 또 반복함으로써 '틀'을 몸에 익히는 길뿐이다.

그리고 이것은 나 자신에게도 해당되는 이야기로, 나의 만화에는 '틀'이 있으며, 새로운 이야기 전개나 기발한 아이디어를 생각하는 방법에도 '틀'이 있다.

어렵게 생각할 필요는 없다.

성공하고 싶다면, 결과를 내고 싶다면, 어쨌든 '틀'을 몸에 익혀야 하는 것이다.

사람들은 누구나 성공의 '틀'을 알고 싶어 한다

서점에 가서 비즈니스 서적 코너를 둘러보면 '성공할 수 있는 법'이나 '일을 잘하는 법'에 대한 책이 빽빽하게 늘어서 있다.

경영 비법을 가르쳐주는 책, 영업실적을 올릴 수 있는 책, 기획력을 향상시킬 수 있는 책, 커뮤니케이션 능력을 높일 수 있는 책, 영어 실력을 향상시킬 수 있는 책, 뇌를 단련시키는 책, 주식으로 대박 터뜨리는 책 등 그 종류도 다양하다.

왜 이런 비즈니스 서적들이 인기가 있는 것일까?

모두들 너무나도 일을 좋아하고 공부를 아주 좋아한다는 말일까?

아니다. 전혀 그렇지 않다.

앞서 언급한 비즈니스 서가의 책들은 모두 일이나 공부에 대한 책이 아니다.

정확히 말하자면 '이렇게 하면 간단하게 성공할 수 있다'는 '틀'을 소개하기 위한 책이다.

이런 책들이 팔린다는 것은 실은 모두 '틀'을 찾고 싶어 해서다.

여기서 중요한 것은 가능하면 쉽게 성공하고 싶다는 것이다.

다른 사람들이 한 계단씩 계단을 올라갈 때, 나만은 에스컬레이터로 올라가고 싶은 것이다.

나는 이것을 나쁘다고 생각하지 않는다.

조금이라도 쉽게 성공하고 싶다고 생각하는 것은 인간이라면 당연하며, 계단과 에스컬레이터가 있다면 망설임 없이 에스컬레이터를 탈 것이다. 멀리 외출할 때도 각 역마다 정차하는 전철보다는 신칸센을 탈 것이며, 자가용 헬기가 있다면 그걸 타고 싶을 것이다. 이것이 누구에게나 있는 솔직한 마음이 아닐까?

편하게 살고 편하게 성공하고 싶다고 생각하는 것은 전혀 부끄러워할 필요 없는, 당연한 욕구다.

편하게 일한다는 것은 작업을 효율화시키는 것과 같다. 쓸데없는 것을 생략하고 효율을 높이는 것이 뭐가 나쁘단 말인가?

솔직하게 '나는 편하게 성공하고 싶다'고 인정하자.

그리고 '편하게 성공할 수 있는 '틀'을 원한다'고 속내를 밝히

자. 시원하게 인정하지 못하고 애매한 마음가짐으로는 앞으로 나아갈 수 없다.

02

개성적인 인생은 멋지지 않다

개성을 고집하느라
애써 먼 길을 돌아가지 말고
재빨리 '틀'을 찾아서
익히도록 하자.
그러면 최단거리에서
성과를 올릴 수 있다.

개성보다는 '틀'을 익히는 게 중요하다

너무 삭막한 표현일지 모르지만 나는 본래 세상 사람들이 신봉하고 있는 '개성'이 가치 있다고 생각하지 않는다.

오해를 살 수도 있겠지만 '개성 따위는 필요 없다!'는 것이 나의 솔직한 생각이다.

물론 누구에게나 개성은 있다.

그 사람만의 장점이 있고 단점이 있고 셀 수 없을 만큼의 습관이 있고 그 사람만이 걸어온 인생이라는 것이 있다. 이 모든 것이 개성이다. 하지만 장점이건 단점이건 어디까지나 제삼자가 객관적인 시점에서 평가하는 것이지 자기 스스로는 볼 수 없다.

그렇기 때문에 만화가에게는 편집자가, 뮤지션에게는 프로듀서가 필요한 것이다. 편집자나 프로듀서가 제삼자로서 정확한 조언을 해주기 때문에 작가나 뮤지션들은 자신의 장점을 최대한 살린 작품을 만들 수 있는 것이다.

그런 조언을 받아들이지 않고 혼자서 '난 이런 사람이야' '이게 내 매력 포인트야'라고 단정짓는 것은, 자신에 대한 환상을 상대방에게 뻔뻔스럽게 요구하는 것과 별로 다를 게 없다.

스스로 생각하는 자신의 장점 혹은 자신만의 개성이라는 것은, 대부분 '이렇게 되고 싶은 자신'의 모습에 불과하다. 그런 것을 주위에 강요하는 것은 민폐일 뿐이다.

그러므로 일부러 개성적으로 보이려고 하는 행동은 그만둬야 한다. 굳이 다른 사람보다 튀는 행동을 하지도 말며, 어중간하게 폼을 잡지도 말자.

일단은 다른 사람들이 하는 행동을 따라서 하면 되는 것이다.

진정한 개성이란, 타인과 같은 것을 해나가는 속에서 명확해지는 것이다. 주변 사람들과 같은 것을 해나가는 가운데 다른 것을 발견하고, 그것을 키워 자신의 것으로 만드는 것, 그것이 개성이다.

'난 개성적이야'를 어필하는 무리들이야말로 몰개성적이다.

예를 들어 '진정한 자신을 찾고 싶다'며 인도로 떠나는 사람들이 있다. '인도에 가면 뭔가가 있다'는 발상부터가 잘못된 것이다. 게다가 인도에 다녀온 것으로 '나는 특별한 체험을 했어' '나는 개성적인 사람이야'라고 생각하는 사람들이 있는데, 그것도 대단한 착각이다.

언젠가 우스운 이야기를 들은 적이 있다.

신입사원 채용 면접에서 어느 학생이 자랑스럽게 "저는 대학 때 호놀룰루 마라톤에 참가한 적이 있습니다"라고 자랑스럽게 말했는데, 그에게는 자신의 개성을 보여주는 특별한 면이라고 여겨졌기 때문이다.

그런데 그때 같이 면접을 받던 다른 학생 두 명도 호놀룰루 마라톤에 참가했다고 말했다.

즉 모두 호놀룰루 마라톤을 소재로 '개성적인 나'를 어필하려고 했던 것이다.

만화가가 보조작가를 고용할 때도 마찬가지다. 채용하는 측은 학생에게 어중간한 개성 따위는 요구하지 않는다. 그래서 보란 듯이 '나'를 과시하는 귀찮은 사람보다는 착실하고 성실한 사람을 찾게 된다.

하찮은 개성에 대한 환상은 이제 버리자.

개성을 고집하느라 애써 먼 길을 돌아가지 말고 재빨리 '틀'을 찾아서 익히도록 하자. 그러면 최단거리에서 성과를 올릴 수 있다.

개성이라는 것은 의식하지 않아도 나중에 성공하면 따라오게 되어 있다.

'평범함'만큼 어려운 것은 없다

당신은 '평범'이라는 단어에서 어떤 이미지를 떠올리는가?

평범한 샐러리맨, 평범한 수입, 평범한 키, 평범한 얼굴, 그리고 평범한 인간.

이렇게 나열하고 보니 평범함이라는 것이 나쁘고 무능한 듯한 인상을 줄지도 모르겠다.

하지만 사실 '평범함'이야말로 어려운 것이다.

세상에서 말하는 '평범함'에 이르지 못하기 때문에 우리는 실패하고 마는 것이다.

예를 들면, 코시엔(일본의 고교 야구대회 - 옮긴이) 진출을 꿈꾸는 고교생 투수를 생각해보자.

스트레이트는 보통, 커브나 슬라이더의 변화구도 그럭저럭. 신장도 평균 수준인 특징 없는 투수가 있다. 이렇게 평범한 조건을 가진 그는 에이스로서 투수 마운드에 설 자격이 없는 것일까?

아니다, 그렇지 않다.

사실 고교야구의 현(縣) 대회 수준이라면 '평범한' 외야 스트레이트 볼로 스트라이크 존에 던질 수 있다면 삼진으로 타자를 잡을 수 있고, 송구 능력도 보통은 되니 상대에 맞추어 기량을 발휘한다면 에이스로 부상할 가능성도 있다

월드컵 축구에서도 세계적 기량을 가진 선수들이 '평범한' 실력을 발휘하지 못해 패널티킥 기회를 놓쳐버리는 경우가 많은데, 그만큼 '평범한' 정도의 실력을 발휘하는 것은 의외로 어렵고 대단한 일이라는 것을 알 수 있다.

이것은 일에 있어서도 마찬가지다.

일을 함에 있어 '평범한' 수준의 능력을 발휘하는 것은 대단한 일이다.

우리가 일을 하던 중 실수를 했을 때, 그것은 90퍼센트 이상이 '평범한 수준으로 이루어지지 않았기' 때문에 일어난 결과이다. 결국 '평범한' 수준을 지켜 일을 하면, 그 업무는 무난히 성공하는 점을 생각한다면, 어떤 일에 관련해 '평범' 수준의 능력을 발휘하는 것은 사실 대단한 일이다. 주변에서 '평범' 이상의

능력을 기대하는 경우는 거의 없다.

그래서 나는 젊은 보조작가들에게 항상 '평범한 수준의 만화 작품'을 그리라고 한다.

'평범한' 수준으로 그릴 수 있다면 잡지에 연재를 할 수도 있으며, 그것을 반복해가다 보면 개성이라는 것은 나중에 따라오게 되어 있다. 한순간에 세상을 뒤집을 듯한 엄청난 걸작을 그리려고 하기 때문에 '평범한' 수준에도 도달하지 못하는 것이다.

만약, 당신이 '평범한 월급쟁이의 평범한 생활'을 우습게 생각한다면 지금 당장 그 생각을 바꿔야 할 것이다.

평범한 사람들은 평범한 수준의 직장에서 일을 하고, 평범한 수준으로 벌고, 평범한 수준의 차를 사고, 평범한 수준의 집에 살며, 평범하게 저축을 하면서 평범하게 가정을 꾸리고 산다. 엄청난 빚이 있는 것도 아니며 범죄 전력도 보통 없으며, 부부관계나 부모자식과의 관계도 보통 원만한 수준이다.

이런 것이 얼핏 시시한 삶처럼 보일지도 모르지만, 이것들을 전부 만족시키고 있다면 그것은 이미 큰 성공이라고 평가할 수 있을 것이다.

내 만화 《꼴찌, 동경대 가다》에서도 학생들은 '평범한' 방법으로 공부를 한다. 거기에는 속임수도 초능력도 없으며, 학생들은 타고난 재능조차 없다.

누구라도 '평범'하게 공부한다면 동경대에 합격할 수 있는 것이다.

요점은 그 '평범함'을 착각하지 않는 것이다.

선구자보다 두 번째를 노려라!

성공을 꿈꾸는 사람들 중에는 낭만주의자가 많다.

그들에게 존경하는 사람이 누구냐고 물으면 오다 노부나가(織田信長, 일본아즈치시대安土時代의 무장武將 - 옮긴이)나 사카모토 료마(坂本龍馬, 일본 에도 시대의 무사로, 일본의 근대화를 이끈 인물 - 옮긴이) 같은 이단아적 영웅 같은 이름만 튀어나올 뿐, 이에야스(家康, 에도 막부를 연 초대 쇼군將軍 - 옮긴이) 같은 사람을 말하는 경우는 별로 없다.

물론 그런 이단아 같은 선구자들을 빼놓고 역사를 말할 수는 없으며, 그들의 활약이 있었기 때문에 세상은 크게 전진했고 그 공적을 부정할 생각은 전혀 없다.

하지만 노부나가나 료마도 결국은 뜻을 이루지 못하고 꿈이 무너진 비극의 주인공이다.

그들의 인생이 읽을 거리로는 재미있을지 몰라도 성공을 향한 최단거리를 찾기 위한 인물을 찾는 것이라면 당연히 이에야스적 사고를 해야 하는 것이다.

그러니까 일부러 노부나가나 료마 같은 실패한 선구자가 되려고 하지 말고 두 번째나 세 번째를 노리라는 것이다.

선구자의 경우, 여러 가지 곤란한 문제에 직면해야 한다.

전례가 없기 때문에 해결 방법도 알 수 없고 나아가야 할 길도 모른다. 예를 들자면 밀림 속에서 한 손에 나이프를 들고 길을 헤치며 나아가는 것과 같은 것이다. 물론 실패나 좌절이 곳곳에 도사리고 있고 먼 길을 가야 하는 일이다.

하지만 두 번째나 세 번째에게는 그런 시행착오를 걱정할 필요가 없다. 이미 선구자가 만들어놓은 길을, 쉽게 따라가면서 안심하고 나아가면 되는 것이다.

솔직히 선구자로서 성공을 한다는 것은 극히 일부의 천재들에게만 가능한 것이다.

그리고 나는 천재가 아니다. 필시 당신도 그럴 것이다. 나도 당신도 '평범한' 것이다.

하지만 비관할 필요는 없다. 우리의 눈앞에는 천재적인 선구자들이 시행착오를 거쳐 남겨준 '틀'이 있다. 이것을 이용하면 평범한 인간이라도 어느 수준까지는 성공을 이룰 수 있는 것이다.

선구자를 꿈꾸지 마라. 두 번째, 세 번째를 목표로, 선구자가 남겨준 '틀'을 발견하는 것도 하나의 훌륭한 재능이다.

" 버릴 수 있는 용기,
포기하는 용기가 의외의 수확을 얻는 비결이다. "

03

우선은 중간을 노려라

기초가 잡혀야
응용이 가능하다.
기본이 되는
틀을 익혀야
'파격'에
이를 수 있는 것이다.

완벽주의를 포기하라!

일본 사회에 지금 커다란 지각변동이 일어나고 있다. 극소수의 '승자'와 대다수의 '패자'로 양극화된 사회가 되어가고 있다.

예전에는 약 1억 명 정도의 대다수 인구가 자신을 중산층이라고 생각했다. 그런데 지금은 1억 명이 하층민으로 떨어질 것을 우려하는 목소리가 높다. 만화 업계도 완전히 양극화되어 있는데, 이것을 나누는 경계선은 '만화잡지에 고정적으로 게재를 하고 있는가 아닌가'이다.

아무리 그림을 잘 그린다 해도, 아무리 고상한 테마의 작품이라 해도, 게재되지 못하면 프로로서의 의미가 없다. 만화로 먹고살 수가 없는 것이다.

'잡지에 게재될 수 있는 수준'의 작품을 그릴 수 있다면 잡지에 작품을 게재하고 원고료로 생활을 할 수 있다. 게재를 시작으로 일단 프로로서의 첫 관문은 뚫은 것이다.

여기서 나는 하나의 결론을 이끌어냈다.

내 작품을 본 사람은 알겠지만 프로 만화가라고 하기에는 내 그림 수준은 확실히 낮다. 아마추어 만화가 중에서도 나보다 그림을 잘 그리는 사람은 얼마든지 있을 것이다. 하지만 나는 만화잡지에 게재되기 위해 필요한 최소한의 기준, 독자들이 받아들일 수 있는 최소한의 기준은 통과했기 때문에 작품을 게재할 수 있었다.

부족한 그림 실력은 스토리나 캐릭터의 매력으로 승부를 보면 된다는 것이 내 나름의 결론이다. 그림 실력에 관해서는 고만고만한 합격점을 받는 것으로 충분하다고 생각하여 깨끗하게 포기했다.

일반 회사도 이와 비슷할 것이다.

예를 들어 수줍음이 많고 낯도 많이 가리는 사람이 영업 일을 하게 되었다고 하자.

물론 그 사람은 영업 일에 도움이 안 되는 자신의 낯가림을 개선하기 위해 스피치학원을 다니거나 자기계발 세미나에 참가하거나 치료를 받는 등 여러 노력을 할 것이다.

하지만 낯을 가리는 것은 성격이나 자질이 문제이므로 아무리 훈련을 한다 해도 근본적인 개선은 어렵다.

그렇다면 대인관계 능력은 '그럭저럭'인 수준으로 단념을 하라는 것이다.

그 대신 상품에 대한 지식이나 마케팅 능력으로 승부를 보면 되는 것이다. 그런 식으로 노력을 하면 결과적으로 달변의 영업맨은 될 수 없겠지만, 성실하고 상품 지식이 풍부한 영업맨이 될 수는 있을 것이다.

프레젠테이션용 자료를 준비할 때도 마찬가지다.

완벽한 프레젠테이션을 구성하는 것은 불가능하며, 설사 완벽한 자료를 통해 프레젠테이션을 준비했다 할지라도 클라이언트의 성격이나 취향에 따라서는 그 내용이 온전히 전해지지 않을 수도 있다.

이런 변수들을 고려하여, 하나의 안에 시간과 에너지를 다 쏟기보다는 합격점을 받을 수 있는 정도로만, '70점 정도의 A안'이 완성된 단계에서 단념을 한다.

그리고 그 남은 시간에 A안이 거절되었을 때의 대안을 두세

개 준비하는 것이다.

이렇게 몇 개의 대안을 준비하는 방법이 하나의 A안만을 치밀하게 다듬는 것보다 실전에서 더 효과적이다.

100점을 노리는 것, 잘못된 완벽주의에 빠지는 것은 거꾸로 자신의 가능성을 제한해버릴지도 모른다.

어느 정도 선에서 버릴 수 있는 용기, 포기하는 용기를 배우는 것이 보다 큰 수확을 가져오는 비결인 것이다.

'틀'을 가진 다음에 '파격'이 가능하다

사람들이 좀처럼 '틀'을 원한다고 솔직하게 말하지 못하는 배경에는 필시 다음과 같은 생각이 있기 때문일 것이다.

'재능이 없는 사람들만이 틀을 원하는 거 아냐?'

'공공연하게 틀을 원한다고 말하는 사람은 자기가 얼마나 무능한지를 드러내고 있는 거야.'

'큰 성공을 이룬 사람은 모두 파격적이야. 작은 틀에 갇혀 있어서는 작은 성공밖에 이루지 못해.'

얼핏 맞는 말 같지만 어느 것도 맞는 것이 없다.

우선 '재능이 없는 사람만이 틀을 원한다'는 의견은 많은 사람들이 오해하고 있는 것으로서, 정말 재능이 없는 사람은 '틀'을 원하지 않는다. 오히려 재능이 없는 사람일수록 자신의 '숨겨진 재능'을 믿고 있다.

그래서 '틀'을 따르는 것(예를 들어 취직 등)을 극도로 싫어하여 아르바이트 생활을 전전하면서 자신의 재능이 꽃필 날만을 기다리며 허송세월하고 있는 것이다.

확실하게 '틀'이 필요하다고 말할 수 있는 사람, 기꺼이 '틀'

을 따를 수 있는 사람은 좋은 의미에서 분수를 알고 있는 것이다.

이처럼 있지도 않은 '숨겨진 재능'에 기댈 것이 아니라 결과가 확실한 '틀'을 따르는 것을 선택해야 한다.

그리고 '커다란 성공을 한 사람은 모두 파격적이야. 작은 틀에 갇혀 있어서는 작은 성공밖에 이루지 못해'라는 의견도 잘못된 것이다.

이것은 스포츠 세계의 이야기를 예로 들면 이해가 쉬울 것이다.

독특한 토네이도 투구 폼으로 일본과 미국을 석권한 노모 히데오 투수, 진자 타법(振子打法)으로 유명한 이치로 선수. 그리고 외다리 타법(一本足打法)으로 유명한 왕정치 선수.

그들의 폼은 대단히 파격적이어서, 우리처럼 평범한 사람들은 물론 다른 프로야구 선수가 흉내를 내려고 해도 좀처럼 쉽게 되는 것이 아니다.

그렇다면 어째서 그들은 그런 폼으로 강속구를 던질 수 있으며 히트나 홈런을 양산할 수 있는 것인가?

답은 간단하다.

초일류 선수들은 누구보다도 확실하게 기초가 잡혀 있기 때문이다.

기초가 확실하게 잡혀 있기 때문에 응용도 가능하다. 기초가 없는 응용이란 있을 수 없다. 바꿔 말하자면 기본이 되는 '틀'을 익혀야, 그 후에 그것을 발전시켜 '파격'에 이를 수 있는 것이다.

그러니까 '틀'을 습득하는 첫 걸음을 무시하고 '파격'을 시도해봤자 아무 소용이 없다.

만화《꼴찌, 동경대 가다》에서 소개된 다양한 공부법도 '파격적인 공부법이다'라는 말을 들을 때가 많았지만, 그것은 표면상의 이야기에 지나지 않는다. 그 만화를 제대로 본다면 놀랄 만큼 '틀'에 충실한, 손쉬운 공부법임을 알게 될 것이다.

이제 '틀'에 대한 선입관이 많이 깨졌을 것으로 생각한다.

지금부터는 자신감을 가지고 '틀'을 따랐으면 한다.
자신의 실력을 착각하지 말고, 확실히 성공하기 위해.
그리고 진정한 의미에서의 '파격'이 되기 위해.

1장 정리

하나 !

최단거리에서 쫓아가야 성공할 수 있다.

둘 !

성공하고 싶다면 어쨌든 '틀'을 익혀라.

셋 !

시시한 개성에 대한 환상은 버려라.

넷 !

평범한 일을 평범한 정도로 할 수 있도록 한다.

다섯 !

선구자가 되지 말고 두 번째, 세 번째를 노려라.

여섯 !

'틀'을 익힌 사람만이 '파격'이 가능하다.

제2부

기획도 아이디어도 '틀'에서 만들어진다!

04

아이디어에 재능이 꼭 필요한 것은 아니다

05

결과를 만드는 게 중요하다

06

상식의 커튼에 불을 질러라

“ 아이디어는 재능보다는 조합에서 나온다. ”

04

아이디어에 재능이 꼭 필요한 것은 아니다

아이디어가 떠오르지 않을 때는,
과거의 성공 패턴을 조합시켜보라.
그런 현실적인 선택이 가능해지면
진짜가 될 수 있고,
거기서 오리지널이 탄생한다.

창조는 '조합'이다!

창조력이나 발상력이라는 단어를 들으면 당신은 어떤 이미지를 떠올리는가?

'나에게는 아이디어를 낼 재능이 없어' 하고 미리 포기하는 사람도 있다. 그러나 아이디어가 곧 재능은 아니다.

만화가라는 직업상, 나는 매일매일 창조력이나 발상력이 필요하다.

주인공들이 말하는 참신한 메시지, 독자들의 예상을 뒤엎는 스토리 전개, 등장인물의 의외의 캐릭터 설정 등등.

이런 아이디어가 고갈된다면 그 만화는 수명을 다하며, 나는 실업자가 될 가능성이 커진다.

하지만 솔직히 나는 '아이디어가 나오지 않으면 어떡하지?'라고 걱정해본 적이 전혀 없다.

아이디어건 기획이건 천재의 영역은 아니며, 아이디어라는 것은 재능의 유무에 관계없이 얼마든지 만들어낼 수 있다.

왜냐하면 아이디어 생산에는 '틀'이 있다는 것이 나의 지론이기 때문이다.

아무리 신선한 아이디어라고 해도 무(無)에서 만들어지는 것은 없다.

에디슨의 전구부터 아이폰까지, 모든 발명은 기본이 되는 무언가가 있고 거기에 플러스 알파의 무언가가 더해져서 결과가 생겨난 것이다.

즉 아이디어라는 것은 '조합'이다. 그리고 그 조합이 의외의 것일수록 참신한 아이디어가 된다.

예를 들어 내 작품《꼴찌, 동경대 가다》만 해도 그렇다.

'전대미문의 교사가 문제아 고교생들을 단련시켜, 꿈을 실현시켜 간다'는 이야기는 스포츠 근성을 담은 만화로서는 별로 참신한 것은 아니다. 실제로 나 또한 예전에《쿠로깡クロカン》(일본문예사)이라는 고교야구만화에서 감독을 주인공으로 거의 비슷한 작품을 쓴 적이 있다.

그런데 거기에 '동경대'라는 의외의 요소를 조합시킨 결과,《꼴찌, 동경대 가다》라는 새로운 형태의 만화가 탄생한 것이다.

그러니까 이것은 천재적으로 번뜩인 아이디어에 따른 것이라기보다는 조각그림 맞추기처럼 비슷한 조합의 작업을 한 것이다.

이것을 알고 있기 때문에 나는 스스로를 천재라고 착각하지도 않지만, 아이디어의 고갈을 걱정하지도 않는 편이다. 보다 많은 소재를 찾아 그 조합의 변화를 바꿔가면, 아이디어라는 것은 무진장으로 나오게 되어 있는 것이다.

그러므로 기획력이나 창조력에 자신이 없다고 하는 사람은 이 '아이디어=A+B'의 공식을 기억하라.

새로운 기획에 대해 생각할 때 그냥 막연하게 '뭐 재미있는 생각이 없을까?' 하고 생각에 골몰하게 되면 아무것도 떠올릴 수 없다.

아이디어라는 것은 하늘에서 떨어지는 것이 아니므로 계속 '조합'을 의식하면서 생각하도록 하라.

그리고 조합에 이용할 재료는 기존 소재로 충분한데, 그것이 남의 것이라도 상관없다.

남의 것을 가져온다는 것은 표절과는 다르다. 그냥 베끼기만 하는 표절에 비해, 내가 말하는 가져온다는 것은 '추출하여 해체하고 재구축하는' 작업인 것이다.

아이디어의 가치는 '조합=재구축'에 있으므로 조합시킬 수 있는 요소가 낡아빠진 것이건, 어디서 가져온 것이건 전혀 관계없다.

오리지널이 되고 싶은 마음을 버려라

일단 아이디어라는 것이 무엇인가를 알기 위해 오늘부터 일주일간 텔레비전의 황금 시간대 프로그램을 눈여겨 봤으면 한다.

자세히 살펴보면 대부분의 인기 프로그램은 '아이디어=A+B'의 공식을 따르고 있다는 것을 알게 될 것이다. 과거에 있었던 A라는 프로그램을 기본으로 B라고 하는 새로운 요소를 결합시킨 것이다. 이것만으로도 기존의 A와 다른 새로운 재미를 가진 프로그램이 만들어진다.

인기 만화도 그렇고 할리우드 영화나 음악도 대부분이 이 공식을 지키고 있다.

나는, 이것이 나쁜 것이라고 전혀 생각하지 않는다.

예를 들어 음악을 하는 사람이라면 비틀즈의 영향에서 벗어나는 것은 불가능에 가까울 것이다. 비틀즈와 동시대 사람이 아니더라도, 자신에게 영향을 준 뮤지션, 그 뮤지션에게 영향을 준 뮤지션을 거슬러 올라가보면 그 선조는 비틀즈가 될 것이다.

여기까지 생각이 이르게 되면 두 가지 선택지를 만나게 되는

데, 하나는 스스로 비틀즈적 존재가 되려고 하는 길, 즉 비틀즈를 넘어서 새로운 오리지널이 되는 것.

또 하나는 비틀즈 영향 아래에 있는 것을 받아들이는 길이다.

나는 음악에 관해서는 잘 모르지만 비틀즈가 되려고 하는 것, 비틀즈를 넘어서는 새로운 오리지널이 되려고 하는 것이 얼마나 무모한 도박인지는 알고 있다.

단언컨대 100년에 한 명의 확률 정도로나 가능한 일이다.

그럴 바에는 솔직하게 영향을 받는다는 것을 인정하며, 그대로 베끼지는 않는 정도로 응용해서 쓰면 된다. 자신만의 솜씨로 창조적으로 변용하는 것이다.

즉 요지는 '오리지널에 대한 환상을 버려'라는 것이다.

진정한 의미에서의 오리지널이 될 수 있는 사람이라는 것은, 크게 어림잡아도 10년에 한 명, 어쩌면 100년에 한 명 정도의 확률이다.

그렇다면 결국은 진정한 오리지널이 될 가능성이라는 것은 거의 제로에 가깝다. 우리들처럼 비틀즈가 되지 못하는 '보통

사람'은 타인을 모방하는 데서 출발할 수밖에 없는 것이다.

모방이 결코 나쁜 것만은 아니다. 모방을 반복하면서 오리지널에 다다른다는 접근도 있다.

데뷔 즈음 나는 지금보다 그림 실력이 훨씬 더 부족했기 때문에 일단 모방에서 출발했다.

프로 만화가들의 작품 중에서 '이 정도 그림이라면 흉내 낼 수 있을지도 모른다'는 생각이 드는 그림을 찾아내어 계속 모방을 반복했다. 그래서 데뷔 당시의 내 그림은 거의 다 기성작가의 작품을 베껴다 그린 화풍이었다.

그림 실력보다는 스토리나 캐릭터로 승부하고 싶었던 나에게는 그걸로 충분했다.

그리하여 겨우겨우 그럭저럭 프로의 문턱을 넘었고, 모방을 반복하면서 점차 화풍도 변화해갔다.

나 나름대로 변화를 더해가며 나름대로의 법칙을 만들다 보니 데뷔 당시와는 꽤나 다른 화풍이 되어갔던 것이다.

대단히 훌륭하진 않지만 일단 '아, 이건 미타 노리후사의 그림이구나'라고 독자들이 알 수 있을 만큼의 나 자신의 오리지널 화풍이 만들어지게 되었다.

자신의 실력이 부족한 부분은 베껴와서 채워라.

아이디어가 떠오르지 않을 때는, 일단 과거의 성공 패턴을 조합시켜보라.

그런 현실적인 선택이 가능해지게 되면 당신은 진짜가 될 수 있으며, 거기서 오리지널이 탄생하는 것이다.

우선은 '코드'를 익혀라!

비틀즈 이야기가 나온 김에 음악 얘기를 좀 더 해보도록 하자.

재즈나 블루스의 묘미의 하나로 즉흥연주라는 것이 있다. 숙련된 뮤지션이 그 장소의 분위기나 상황에 맞춰 작곡을 하거나 편곡을 하면서 자유롭게 연주하는 것이다.

우리 같은 평범한 사람들이 놀라는 점은, 연주자들이 얼핏 제멋대로 연주하는 것처럼 보이지만 실제로는 밴드가 하나의 전체로 확실하게 조화를 이루는 연주를 하고 있다는 것이다, 결코 제 각각의 소음이 아닌, 충분히 조화로운 소리인 것이다.

이것은 각 뮤지션이 일정한 코드에 맞춰 즉흥연주를 하고 있기 때문에 가능한 것이다. 만약 코드 진행이라는 약속된 것이 없다면 서로의 음은 부딪히고 듣기 괴로운 소음이 될 것이다.

어떠한 틀에도 얽매이지 않는 것처럼 보이는 즉흥연주조차도 코드라는 '틀'에 따라 만들어지는 것이다.

이 사실은 많은 것을 시사하고 있다.

보통 기타를 배우기 시작한 지 3개월도 안 되어 그만두는 사람이 의외로 많다.

그들에게 왜 그만두었는지 물어보면 대부분이 'F코드를 잡을 수가 없어서'라는 이유를 말한다.

코드를 익힐 수 있는지 아닌지가 기타를 계속 배울 수 있을지를 결정하는 것인데, 그러면 코드를 열심히 익히는 것이 중요하다.

그런 단순한 이치도 모르는 사람들은 코드를 외우려고 하지 않고 '조만간 기타의 신이 강림하지 않을까'라는 꿈을 꾸거나 '나에게는 재능이 없어' 하며 포기한다.

코드도 잡지 못하는 기타리스트는 없다. 드리블이나 리프팅을 못하는 축구선수가 없는 것처럼. 그런 것은 재능 이전의 기본기이다.

모든 일에는 순서라는 것이 있다. 우선은 코드를 익혀야 한다. 재능이라든지 개성이라든지 생각하는 것은 그 이후의 일이다.

이것은 음악에만 한정된 이야기가 아니다. 지금 우리가 할 일은 자신의 일에 관한 '코드'는 어떤 것인지 차분하게 생각해봐야 한다. 의외로 그 부분을 대충대충 하고 있는지도 모른다.

“ 개성을 주장하기 전에 일단 왕도로 승부하라. ”

05

결과를
만드는 게
중요하다

'틀'이 있기 때문에
다양한 가치관을 받아들이고
발전시킬 수 있다.
'틀'을 가진 인간이야말로
'모방'과 '응용'의
장인이 될 수 있다.

기본을 따르는 것이 왕도다

아이디어가 '틀'에서 만들어지는 것처럼, 그리고 즉흥연주에도 '코드'라는 것이 있는 것처럼, 잘 팔리는 만화에는 어떤 패턴이 존재한다.

내가 그럭저럭 만화를 업으로 삼을 수 있게 된 것은 전적으로 이 패턴을 지켜왔기 때문이다.

예를 들어 텔레비전에서 '오늘, ○○지방에서 △△축제가 개최되었다'든지 '××미술관에서 관계자들이 개관식을 가졌다'와 같은 지루한 뉴스가 방송될 때 당신은 그 내용에 어느 정도 관심을 가질까?

좋은 의미로든 나쁜 의미로든 우리들은 자극을 원하며 살아가고 있고, 자극적이지 않은 뉴스에는 관심이 잘 가지 않게 마련이다. 하물며 돈을 내고 보는 만화 같은 경우에는 더더욱 자극이 필요하다. 나의 경험상, 사람들의 요구를 만족시킬 수 있는, 좀 더 자극을 만들어낼 수 있는 요소는 '싸움' 즉 '대립'이다.

2005년의 우정 해산(郵政 解散. 2005년 8월 8일 일본에서 있었던 중의원 해산을 일컬음-옮긴이) 사건 때, 당시 고이즈미 총리가 반대

파(2005년 중의원 총선거 시 자민당에 속해 있으면서도 고이즈미 정권이 주장하던 '우정개혁'에 반대하던 의원들-옮긴이)들을 추방하고 자객이라고 불리던 대항마를 선거구로 투입시켜 대립을 격화시킨 일이 있었다. 그 덕분에 뉴스도 시사 프로그램도 모두 선거에 관한 것이었고, 결국 자민당이 압승을 거두었다.

이와 마찬가지로 잘 팔리는 만화에는 반드시 싸움의 요소가 담겨 있는데, 싸움이 꼭 치고박고 하는 것만은 아니다.

주인공과 숙적의 라이벌 관계, 부모와 자식의 대립, 교사와 학생의 반목, 이론과 이념의 충돌, 좀 더 규모가 큰 만화라면 국가 간 분쟁, 혹은 그 지역 사람들과 외지인들과의 전쟁 등 유형도 다양하다.

이 같은 대립이나 싸움이 있기 때문에 만화에는 뜨거운 피가 흐르고 있는 것이다.

하지만 싸움만 그려서는 내용이 깊이를 갖지 못한다.

그래서 제2의 중요한 요소, '갈등'이 존재하는 것이다.

싸움이나 대립 중간에 문득 고독이 찾아오고 또한 망설임이 생겨나고, 지금까지 나의 선택이 바른 것이었나 자문자답을 한다.

목적을 달성하기 위해 일부러 가시밭길을 걸어가기도 하며 몇 번의 좌절을 거치며 여기서 벗어나고 싶기도 하다.

이러한 마음의 갈등은 등장인물에 인간미를 더해주며, 독자들의 감정이입도 이끌어내면서 이야기 전체에 무게가 실리게 된다.

그리고 마지막으로, 갈등을 거쳐 드디어 찾아오는 '화해'가 있다.

의외라고 생각할지 모르지만 싸움의 승패는 어느 쪽이라도 상관없다. 오히려 스토리 전개상 주인공이 지는 것이 좋은 경우도 있다.

그것보다는 대립이 해소되고 상대와 화해하는 것이 더 중요한데 이것이 없으면, 어느 쪽이 이겼다 하더라도 어딘가 석연치 않고 뭔가 켕기는 듯이 뒷맛이 씁쓸한 결말이 되고 만다.

이와 같이 '대립'→'갈등'→'화해'의 플롯을 따른다면 일단 실패할 일은 없다. 이것은 왕도이며 잘 팔리는 만화의 '틀'인 것이다.

그러나 만화가를 꿈꾸는 사람들 중에는 '나는 개성적이야'라는 자부심이 강한 탓인지 이 왕도를 솔직하게 선택하지 않는 사람이 있다.

말하자면 평범한 것은 하고 싶지 않다는 고집을 부린다.

그러나 그것은 착각이다.

이유는 간단하다. 독자들은 재미있는 만화를 찾는다. 그리고 왕도를 따르는 스토리는 단순하고 재미있다. 독자들은 특별한 만화를 찾는 것이 아니라 그냥 재미있는 만화를 찾는 것이다. 오히려 독자와의 소통 없이 작가의 고집만 담겨 있는 작품은 외면받게 된다.

다른 분야를 생각해보자.

예를 들어 회사 근처에 새로운 카레식당이 생겼다고 하자.

그 카레 식당 주인은 자기 고집만 내세워 양고기를 넣은 카레만 팔고 있는데, 그 맛은 '없지는 않은' 정도이다.

그러면 당신은, 그 가게 주인의 '고집'을 받아들일 것인가?

"자기 자랑은 됐으니까 그냥 평범한 비프카레를 팔아요" "나는 돈까스 카레가 먹고 싶은 거라구요."

이렇게 화를 내고 싶지 않을까?

아무리 평범한 메뉴라도 맛있는 것은 맛있는 것이다. 주변의 흐름과는 전혀 상관없이 자기 맘대로 하는 고집은 내세우지 않았으면 한다.

우리 같은 '보통사람'들은 가정집에서 만든 것 같은 카레를 좋아하며 밥과 된장국을 좋아하고, 라면도 좋아한다. 왕도를 부정한다는 것은 이런 메뉴를 부정하는 것과 같은 것이다. 개성을 주장하기 전에 일단은 왕도 메뉴로 승부를 봐라.

'모방'과 '응용'을 무기로 삼자

일본인은 흉내를 잘 낸다.

좀 더 그럴싸하게 말하자면, 외국의 가치관이나 제품을 잘 받아들이고 그것을 자국의 것으로 발전시켜가는 능력이 뛰어나다.

예를 들어 카레도 라면도 지금은 일본인의 국민음식이라고 할 만한 음식이지만, 원래는 둘 다 외국에서 들어온 음식이다. 그러나 지금은 일본음식이라고 말할 수밖에 없을 정도로 변형되었고 독자적인 형태로 진화하고 있다.

그리고 자동차나 가전제품도 일본화 과정을 거쳐 저렴한 가격과 높은 품질로 세계 시장을 석권하고 있다고 해도 과언이 아니다.

이것은 만화나 애니메이션 부문도 마찬가지다.

일본산 애니메이션이 '재패니메이션'으로서 독자적인 지위를 구축하고 있는 것처럼 일본의 만화나 애니메이션은 세계 각국에서 큰 인기를 누리고 있다.

모두 애초에 우리의 것은 아니었지만, 우리의 것으로 만들어 세계가 열광하도록 만들었다. 이것이야말로 엄청난 능력이며 일본인의 장점이다.

하지만 아무래도 베끼기에서 출발했다는 열등감에서 벗어나지 못하는 사람도 있다.

예전에 파나소닉(예전 회사명 마츠시타 전기산업)은 '마네시타'(흉내쟁이 마츠시타라는 의미 - 옮긴이)라고 조롱을 당한 적이 있었는데, 발명은 소니가 하고, 파나소닉은 그것을 흉내 낸 상품을 만든다는 것을 야유한 말이었다.

정말 파나소닉이 '마네시타'였는지 아닌지는 의심스럽지만, 만약 흉내를 냈다고 해도 나는 전혀 상관없다고 생각한다.

누가 발명했다든지 어느 쪽이 먼저였다든지 하는 이야기는, 결국 개발자 수준의 '업계 이야기'일 뿐이다. 우리 같은 소비자들은 싸고 성능 좋은 상품을 구입하게 된다면 그걸로 만족하는 것이다.

무언가를 발명하는 것에만 기를 쓰지 말고 기존의 아이디어를 당당하게 베껴라.

그리고 그것을 어떻게 응용할 것인지에 대해 좀 더 진지하게 몰두하자.

우리 일본인들은 그런 '모방과 응용'에 뛰어난 DNA를 가지고 있는데 왜 그것을 활용하지 않는단 말인가.

카레를 발명한 인도인도 대단하지만 그것으로 카레우동을 만든 일본인도 마찬가지로 대단한 것이다.

'틀'은 창조적 응용의 원동력

어째서 일본인은 이렇게도 '모방과 응용'에 뛰어난 것일까?

그것은 아마도 일본인에게는 무엇이든지 받아들이는 솔직함, 관용, 그리고 유연성이 있어서일 것이다.

도쿄 리조트는 지금까지 4억 5천만 명의 누적 관람객 수를 자랑하는 일본 굴지의 인기 레저시설이다.

그러나 프랑스 파리의 디즈니랜드에서는 오픈 이후 계속 영업부진이 이어지고 있다고 한다. 그것뿐인가. '미국 문화의 상징'으로 탐탁지 않게 생각하여 처음 문을 열 때는 시민들의 맹렬한 항의가 일어났을 정도였다.

프랑스인들은 그만큼 자국의 문화를 지키는 데 결사적이며 타국의 문화를 받아들이려 하지 않는다. 이것은 프랑스인뿐 아니라 유럽 지역 국가 전반에 해당되는 이야기인데, 내가 생각할 때 이는 완고하고 융통성 없는 고집일 뿐이다.

거기에 비해 일본인은 대단히 관용적이다. 그렇다고 해서 일본인에게 주체성이 없다는 것은 아니다.

일본인들은 서구의 문화를 적극적으로 받아들이면서, 언제나 그것을 일본 특유의 것으로 변화시킨다.

원래 일본 글자는 중국에서 들어온 한자가 쉬운 히라가나와 가타카나로 진화해온 것이다.

아무리 낯선 문화가 들어와도 그냥 흘려보내는 것이 아니라 오히려 그것을 이용하여 자신들만의 문화로 키워나가는 대담함, 흔들리지 않는 강인함이 일본인에게 있는 것이다.

이것 또한 '틀'이 있기 때문에 가능한 것이 아닐까?

노우(能, 일본의 고전 예능 - 옮긴이)나 가부키, 다도, 유도, 검도 그리고 스모까지 일본의 문화는 '틀'에 의해 확실히 지켜지고 있다.

예를 들면 일본의 국기(國伎)인 스모의 경우, 일본인이 아닌 하와이나 몽골, 유럽 출신의 선수들에게도 입단 제한이 없다. 왜냐하면 입단을 선택했다면 누구나 예외 없이 그들은 촌마게(상투머리 - 옮긴이)나 훈도시(스모 선수가 착용하는 샅바 - 옮긴이)라는 '틀'을 따라야 하기 때문이다. 게다가 스모 선수들은 식사까지

정해진 '틀'이 있을 정도로 철저하며, 그들이 그 '틀'을 지키는 한 국적이나 피부색 등은 문제 삼지 않는다.

만약 '국제화'나 '스포츠화'라는 명목으로 스모 고유의 엄격한 '틀'을 바꾼다면 그 순간 스모는 '마이너 스포츠'가 되어버릴 것이다.

이렇게 '틀'이 존재하는 것은 스포츠나 예술계만이 아니다.

방의 넓이를 다다미 단위로 재는 것도 일본의 오리지널 '틀'이며, 쇼와(昭和)나 헤이세이(平成)와 같은 연호도 '틀'의 하나이다.

일본에서는 오봉(お盆. 양력 8월 15일 전후에 지내는 일본의 대표적인 명절-옮긴이)이 국경일도 아닌데도 누구나 자연스럽게 회사를 쉰다. 법률보다 '틀'이 우선하는 것이다.

이런 일상적인 '틀'이 지켜지는 한 일본은 조금도 흔들리지 않을 것이다.

외국에서 어떤 것이 들어온다고 해도, 일본인들은 그것을 받아들이고 자신의 것으로 진화시키기 위한 새로운 '틀'을 만들어갈 것이다.

좀 더 능동적으로 '틀'에 빠져보자.

그 '틀'이 있기 때문에 외부의 다양한 가치관을 받아들여 자신을 발전시켜가는 인간이 될 수 있는 것이다.

즉 '틀'을 가진 인간이야말로 '모방과 응용'의 장인이 될 수 있다.

06

상식의 커튼에 불을 질러라

실패한 경험이 장래에
반드시
도움이 될 날이 찾아오며,
어쩌면 낡은 것에
새로운 것이
숨어 있을지도 모른다.

과거의 실패를 재활용하라

아무리 해도 아이디어가 나오지 않고, 아이디어의 원천이 되는 '조합'이 떠오르지 않을 때가 있다. 그럴 때 나는 과거의 실패 경험을 되짚으며 원점으로 돌아가 다시 검토하곤 한다.

구체적으로는 과거에 폐기했던 기획이나 단편물에서 썼던 캐릭터 설정 등을 조합해보는 것이다.

그렇게 하면 '아, 이런 전개로 (다른 만화에서 써먹었던) 그 인물 같은 남자가 나온다면 좀 더 재미있어지겠는걸' '그때 써먹지 않았던 이 에피소드도 이번엔 이 장면에선 써먹을 수 있겠는걸' 이런 생각이 떠오르면서 점점 새로운 조합, 아이디어가 나오게 된다.

즉 과거의 실패를 재활용하는 것이다.

원래 내가 생각해낸 아이디어였고, 게다가 그것이 한 번 실패했던 것이라면 그 아이디어의 장단점을 확실히 이해하고 있기 때문에 굳이 원점에서 새로운 것을 생각할 필요도 없는 것이다.

잘 안 풀릴 때는 실패라는 예전의 저금통에서 끄집어내어 완전히 새로운 아이디어로 교체하면 되는 것이다.

실제로《꼴찌, 동경대 가다》나 다른 작품에도 과거에 써먹었던 아이디어를 재활용한 부분은 많이 있다.

이는 만화의 세계뿐만 아니라 모든 분야에서 같다고 말할 수 있을 것이다.

예를 들면 오일 쇼크 때 에너지 절약운동의 일환으로 '에너지 절약 양복'라는 반소매 양복이 고안된 적이 있었다. 그러나 패션의 관점에서 보면 너무 촌스러웠기 때문에 거의 보급되지 못하고 사라지고 말았다.

그러나 지속적인 에너지 절감 요구에 따라 대책은 필요했고, 사람들은 반소매 에너지 양복의 실패를 떠올려 지금의 '쿨 비즈'를 정착시켰다. 이처럼 실패는 새로운 아이디어의 모태가 된다.

이런 식으로 '실패는 재활용할 수 있다'라는 의식이 생겨나면 아이디어 부족의 해소 이외에도 큰 효과가 있다.

즉 '실패를 두려워하지 않게 된다'는 것이다.

실패가 두렵지 않으니 과감하게 새로운 도전을 할 수 있고, 비록 실패하더라도 그 경험은 축적되어 자산이 되는 것이다.

실패한 경험은 장래에 반드시 도움이 될 날이 찾아오며, 어쩌면 낡은 것에 새로운 것이 숨어 있을지도 모른다. 그야말로 '자빠져도 그냥은 일어나지 않는다'는 정신으로 자신의 실패를 몇 번이고 재활용할 수 있는 것이다.

내 생각에는, 지금의 젊은이들은 자신의 과거를 너무 쉽게 부정한다. 그리고 실패를 너무 두려워하고 있다. 실패한다 해도 끙끙대지 말고 다음으로 나아가는 것이 중요하며, 과거를 부정할 필요는 없다.

자신의 과거, 즉 경험이라는 것을 철저하게 이용함으로써 그 가치가 생겨나는 것이다.

이것을 모르면 금방 아이디어가 고갈되며 유연한 발상도 힘들어진다.

상식을 뒤집어 생각해보자

마지막으로 아이디어를 내는 나의 기술을 소개하려고 한다. 《꼴찌, 동경대 가다》나 그 외의 작품을 그릴 때 '재미있다'고 생각되는 아이디어를 어떤 방법으로 만들어내는가 하는 이야기이다.

일단, 재미있는 것을 생각하려 하면서 그냥 '재미있는 아이디어가 없네' 걱정만 하고 있어서는 아무것도 떠오르지 않는다.

그래서 기발하고 비상식적인 것을 생각하려고 해도 좀처럼 잘 풀리지 않고 막막하기만 할 때, 나는 우선 '재미없는 만화'나 '재미없는 이야기'를 생각한다.

예를 들면 변화도 없고, 그저 상식적이고, 나의 예상 범주를 조금도 벗어나지 않는 사람에 대해 '저 사람은 전혀 재미가 없어'라고 생각한다. 그래서 '재미없는 만화'를 생각하는 것은 쉬운 일이다.

세상에 얼마든지 있는, 흔한 이야기를 하는 만화는 '재미없다'.

변화가 없는 만화도 '재미없다'.

앞이 뻔히 보이는 만화도 '재미없다'.

즉 상식과 일반론에서 벗어나지 않는 만화가 재미없는 만화이다.

그래서 나는 '재미없는 상식'을 생각할 수 있는 한 다 끌어내어 책상 위에 '재미없는 상식'이 적힌 카드를 쫙 펼쳐놓는다. 그 다음부터 중요한 작업이 시작된다. 책상 위에 쫙 널려 있는 '재미없는 상식'을 두더지 잡듯이 닥치는 대로 하나씩 없애가는 것이다.

A라는 '상식'을 부수려면 어떤 방법이 있을까?

B라는 '정의'를 뒤집어엎으려면 어떤 부분을 공격해야 좋을까?

C라는 '다수 의견'을 부정하려면 어떤 이론이 필요할까?

이런 식으로 항상 거꾸로 접근해가는 것이다.

그러면 마치 오셀로 게임(두 사람이 안팎 흑백으로 된 원반 모양의 말을 번갈아 판 위에 놓아 자기 말로 사이에 낀 상대 말을 뒤집어 자기 색 말로 함으로써 말을 많이 딴 사람이 이기는 게임 - 옮긴이)에서 흑과 백이 반전되어가는 것처럼 '재미있는 것'이 튀어나온다. 보통 상식으로는 생각할 수 없는 설정, 상식적으로는 있을 수 없는 이론, 상식적으로는 나올 수 없는 대사가 툭툭 튀어나오게 된다.

이제는 거기에서 쓸 수 있는 카드를 골라내서 이야기에 갖다 붙이는 것이다.

물론, 이때 깨부수는 '상식'이 크면 클수록 그것을 뒤엎었을 때의 수확은 커진다.

상식을 충분히 알고 있기 때문에 감히 비상식을 모색하는 것이다.

그런 비상식에 대해 세계의 혼다를 만들어낸 고 혼다 소이치로(本田 宗一郎) 씨는 '불상식'이라는 단어를 사용했던 것이다. 그리고 그는 다음과 같이 말했다.

'불상식을 비성실하게 하라!!'

비상식이 아닌 불상식.

불성실이 아닌 비성실.

역시 혼다 소이치로구나 하고 무릎을 탁 치게 만드는 말이다.

그런 자세로 세상을 바라보고 있으면 재미있는 아이디어라는 건 무궁무진할 것이다.

아이디어는 재능과는 관계없으며 상식의 뒷면을 보는 것만으로 족한 것이다.

당신은 막연하게 '이렇게 하는 것이 상식이지' '모두 이렇게 하니까 나도 이렇게 하지 않으면 안 되지'라고 생각하며 자신의 능력을 탓하고 있는 것일지도 모른다

《꼴찌, 동경대 가다》의 사쿠라기가 상사라면 필시 이렇게 말했을 것이다.

"상식을 의심해라!"

"그 상식을 깨부수는 놈만이 성공할 수 있다!!"

2장 정리

하나!

기획이나 아이디어에 재능은 필요 없다.

둘!

아이디어는 '조합'으로 만들어진다.

셋!

원점에서 시작하지 마라, 일단 베껴라.

넷!

자신감을 가지고 기본을 따르자 .

다섯!

과거의 실패를 재활용하라.

여섯!

상식을 응시하면 비상식이 보인다.

'틀'을 가진 인간이야말로
모방과 응용의
장인이 될 수 있다.

제3부

지금까지의 자신에서 자유로워지자

07

지금까지 입고 있던 옷을 벗어라

08

고집을 버리면 가벼워질 수 있다!

09

자신의 역량을 정확히 알아라!

“ 고집센 괴짜보다 사랑받는 보통사람이 낫다. ”

07

지금까지 입고 있던 옷을 벗어라

인생에는 확실한
행복의 '틀'이 있다.
당신은 꿈이라는 단어에
발목 잡혀 움직이지 못하고
있는지도 모른다.
자신을 짓누르는 꿈이라면
버려야 한다.

당신은 '유일한 나(only one)'가 아니다!

내가 싫어하는 단어 중의 하나가 '온리원(only one)'이다.

누구나 '오직 하나뿐'인 소중한 존재이므로 좀더 자신의 개성을 소중히 여기지 않으면 안 된다는 의미로 사용되는 단어인데, 특히 젊은 사람들은 이런 단어에 약한 것 같다.

자신은 특별한 존재이며, 그만큼의 힘이 어딘가에 숨겨져 있다고 생각하고 싶어 하는 것은 젊을 때 누구에게나 있을 수 있는 일이다.

게다가 최근엔 교육현장에서 팝송까지 사회 전체가 '유일한 존재인 나'를 소중히 여기라고 말하고 있다. 나는 이런 달콤한 환상을 주는 것은 백해무익하다고 생각한다. 단언컨대 당신은 '유일한 나(only one)'가 아니다. 아니, 적어도 사회에서는 당신이 '유일한 나(only one)'가 될 것을 요구하지 않으며, 원하는 것은 '누군가(someone)'일 뿐이다.

예를 들어 어떤 회사에서 '유일한 존재(only one)'인 사원만을 원한다면 그 회사에는 사원의 수만큼 많은 지위와 직책이 필요할 것이다. 누군가가 감기라도 걸려서 결근을 하게 되면 그 업무를 할 수 있는 '유일한 나(only one)'가 없으므로, 일에 차질이 생길 것이다. '유일한 나(only one)'의 일을 대신 해줄 수 있는 사람은 아무도 없으니 퇴사도 생각할 수 없다.

그러므로 회사가 원활하게 돌아가기 위해서는 '유일한 존재(only one)'가 아니라 평범한 '누군가'가 필요하다. 다른 사람의 일을 대신 할 수도 있는 평범한 '누군가(someone)'야말로 회사에 필요한 인재다.

이것은 회사에만 국한된 이야기가 아니라 사회 전체에도 해당되는 이야기이다.

이들 '누군가'를 하나의 방향으로 취합, 정리하는 것이 이 책에서 반복 설명하고 있는 '틀'이라고 생각해도 될 것이다.

예를 들어 회계사나 세무사와 같은 직업적 자격도 하나의 '틀'이다.

기업은 이런 '틀'을 가지고 있는 사람들에게 '그들은 이 일을 할 수 있다'고 판단하여 안심하고 채용한다. 그리고 만약 그들이 퇴직하면 같은 '틀'을 가진 누군가를 채용하면 되므로 업무는 차질 없이 돌아갈 수 있다.

즉 '유일한 나(only one)'나 '나만의 개성'을 고집하고 있으면 누구에게도 채택되지 못한 채 일할 기회조차 잃어버리게 될지도 모르는 것이다.

헌옷을 벗어야 새옷을 입을 수 있다

나는 유일한 존재가 아니며 사회도 그런 걸 요구하지 않는다. 사회가 요구하는 것은 어떤 '틀'에 들어맞는 인간이다. 이런 말을 들으면 욱하고 화가 치밀어 오를지도 모른다.

하지만 이것은 대단히 중요한 이야기이다.

예를 들어 만약 이 세상이 모두 나만의 유일함으로 승부하지 않으면 안 된다고 하면 과연 어떻게 될까? 아마도 타고난 자질이나 재능만이 승패를 가르는 세상이 되고 말 것이다.

극소수의 승리하는 사람과 그외 대다수의 패배하는 사람들로 구성되는, 극심하게 차별적인 사회가 되고 말 것이다.

하지만 '틀'을 따르는 데는 자질도 재능도 상관없다. 단지 자신을 그 '틀'에 맞추어가기만 하면 되는 것이다.

즉 '유일한 존재로서의의 자신'을 선택할 수는 없지만, 자신의 '틀'이라면 얼마든지 선택할 수 있는 것이다.

그래서 만화가를 포함한 대부분의 직업에는 부족한 재능을 채워줄 수 있는 '틀'이 준비되어 있으므로 각자 그 '틀'을 찾아내어 그 '틀'에 자신을 맞출 수 있다면 원하는 일을 하는 것도 그다지 어렵지 않다.

여기서 냉철하게 생각해야 할 것은 '어떻게 '틀'을 배울 것인가?' 하는 문제다.

내가 '이렇게 되고 싶다'고 생각하는 '틀'이 있을 때 어떻게 하면 그것을 익힐 수 있을 것인가?

예를 들어 내가 지금 곰 의상을 입고 있다고 하자. 여기서의 곰 의상이라는 것은 당신이 지금 현재 빠져 있는 '틀'이다. 그리고 지금 눈앞에 토끼 의상이라는 새로운 '틀'이 놓여 있다. 슬슬 이미지를 바꾸고 싶기도 하고, 토끼 의상이 여자들에게 인기가 있는 것 같다. 그러고 보니 예전부터 토끼 의상을 좋아했던 것 같기도 하다.

그런 생각이 들었을 때 우선 제일 먼저 해야 할 행동은 무엇일까?

답은 '지금의 의상을 벗어버리는 것'이다. 지금 입고 있는 동물 의상 위에 다른 동물 의상을 입을 수는 없듯이 지금의 '틀'을 부숴버리지 않는 한 새로운 '틀'을 익힐 수 없다.

새로운 '틀'을 익힌다는 것은 지금까지의 '틀'을 부숴버리는 것이다.

그러므로 아무리 노력해도 '틀'을 못 익히는 사람은, 대부분의 경우가 '지금의 '틀'을 부수는' 데 실패한 것이다. 이는 지금 입고 있는 동물 의상 위에 다른 동물 의상을 입으려고 하는 것과 같다.

누구든 좋아하는 일은 쉽게 능숙해지기 마련이므로 '틀'을 따르는 것은 어렵지 않다. 어려운 것은 지금까지의 인생에 박혀 있는 굳어진 '틀'을 부숴버리는 것이다.

‘꿈’에 발목 잡히지 마라

무책임한 어른들은, 아이들이나 청년들에게 당연하다는 듯이 “젊을 때는 꿈을 가져야 한다!”라고 말한다. 그리고 꿈을 가져야 성공을 한다든지 꿈을 이룬 사람들의 위대함, 꿈을 포기한 사람들의 비참함 등을 지겹도록 늘어놓는다. 물론 이런 말들을 늘어놓는 어른들의 대부분이 자기자신의 꿈에 대해서는 아마 실패한 사람들일 것이다. 하지만 이런 풍조가 바른 것인지 나는 판단이 잘 서질 않는다.

나의 솔직한 마음을 말하자면 ‘꿈이란 게 정말 필요한 걸까?’라는 것이다. 적어도 어른들이 ‘꿈을 가져라!’라고 강요할 것은 아니다.

내가 말하고 싶은 것은 인생에는 확실한 행복의 ‘틀’이 있다는 것이다.

공부를 하고 좋은 고등학교에 들어가고 좋은 대학에 들어가서 큰 회사에 취직하는 그런 궤도 위를 달려간다면 행복이 기다리고 있다고 배워왔다. 회사의 업종도 상관없고, 영업 일이건 아니건 아무 상관없다. 무조건 큰 회사에 들어가면 그걸로 행복한 장래가 약속되어 있다고 들어왔었다.

극단적으로 말해서 취업지원관이 '여기 가라'고 하면 '웬만큼 유명한 회사니까 괜찮겠지'라고 생각하고 따랐던 시절이 있었다. 그리고 결혼을 하고 아이를 낳고, 교외에 작은 집을 사고, 정년까지 같은 회사에서 계속 근무를 해가는, 재미있든 재미없든 상관없이 그것이 행복의 표준적인 '틀'이었다.

그러나 지금의 어른들은 구체적 그림 없이 막연히 '꿈을 가져라!'라고 설교를 한다. 일본인은 개성이 없다느니 그런 궤도에 올라타면 안 된다느니 젊은이들의 자의식을 부추기는 말을 아무렇지도 않게 던진다.

그런 말을 듣고 있으면 왠지 모르게 '다른 사람과 다른 것을 해야겠구나' '평범한 회사에 들어가면 안 되겠구나'라는 생각을 하게 된다. 무조건 '엄청난 것'을 하지 않으면 안 되겠구나 하는 부담을 가진다.

확실치도 않은 '꿈'이 강박관념이 되어버리는 것이다.

그 결과 어떻게 될까?

'뭘 하고 싶은지 모르겠어.'
'내 꿈이 뭔지 모르겠어.'
'그래도 평범한 회사에는 들어가고 싶지 않아.'

그렇게 해서 별 생각 없이 생계형 아르바이트를 전전하거나 니트족(일을 하지 않고 일할 의지도 없는 청년 무직자-옮긴이)이 되어 버린다. 아르바이트족이나 니트족도 어떤 의미에서는 '꿈'을 강요하는 어른들이 만들어낸 것이다.

'좋은 대학에 들어가고 싶어.'
'큰 회사에 들어가고 싶어.'
'그리고 출세의 궤도에 올라타고 싶어.'

이것은 훌륭한 꿈이다.

만화가인 내가 이런 말을 하는 것도 이상하지만 아티스트가 되거나 매스컴 관계자가 되거나 벤처 기업가가 되는 것만이 꿈은 아니다. 그러니까 지금 '꿈을 찾고 있다' '하고 싶은 일을 찾고 있다' '진정한 자신을 찾고 있다'라고 말하는 사람은 그것부터 인생을 착각하고 있다고 생각해야 한다.

그런 사람들은 꿈이라는 단어에 발목이 잡혀서 움직이지 못하는 것뿐이다. 꿈은 꼭 필요한 것이 아닐지도 모르며 꿈 같은 건 없어도 행복해질 수 있다. 자신을 짓누르는 꿈이라면 냉큼 버려버려야 한다.

08

고집을 버리면 가벼워질 수 있다!

자신만의
하찮은 '고집'을 버리고
주변의 의견을
유연하게 받아들이는 게
중요하다.
다른 사람의 눈에서 나오는
빛이 없으면
우리는 빛날 수가 없다.

열린 마음으로 다른 사람의 말을 들어라

만화가나 작가를 꿈꾸는 사람들 중에는 다른 사람의 이야기를 순수하게 받아들이지 않는 사람들이 있는데, 특히 본격적으로 프로로서 활약하려는 사람들 중에 이런 타입이 많은 것 같다.

구체적으로는, 편집자가 '이 부분을 이렇게 고쳤으면 좋겠다'는 요청을 받아들이려 하지 않는 것이다. 하긴 작가 입장에서는 '거기를 바꾸면 앞뒤가 맞지 않아' 라든지 '이 대사가 있기 때문에 다음 장면이 사는 거야' 등 작가만이 알 수 있는 생각이 있을 것이다. 그러나 그것은 어차피 '작가만 아는' 수준인 것이다.

그러니까 어느 부분을 수정하면 '자신의 개성이 없어진다'고 생각한다는 것은 말도 안 된다. 그렇게 해서 없어질 개성이라면 어차피 시시한 개성일 것이며, 개성이라고 불릴 수준도 안 될 것이다.

실제로 나는 항상 그렇게 하고 있다.

'정말 그렇게 해도 괜찮은 걸까?'라고 고민하기 전에 시원하게 수정을 해버린다.

시간이 지난 후에 '아, 역시 고치길 잘했어'라고 생각할 때도 있으며 요즘엔 '어디를 고쳤었지?' 하고 모르고 지나칠 때도 있을 정도다.

이런 편집자의 요청이나 압력은 인기작품이 될수록 더 심해진다. 인기가 많을수록 실패는 용서되지 않으며 장벽은 높아지는 것이다.

이는 비즈니스 세계에서도 마찬가지다.

예를 들어 자동차회사에서도 인기 차종일수록 거기에 관계하는 직원은 늘어나며, 모델을 바꿀 때도 실패는 용서될 수 없으므로, 당연히 위로부터의 요구사항이나 압력도 심해진다. 연예인이 인기가 많을 때는 주변에서 들려오는 말들이 많으며, 방송프로그램이 재미있으면 그만큼 시청자들의 요구가 많아지게 되어 있다.

요점은 이런 압력을 즐길 수 있는지 여부다.

자신만의 하찮은 '고집'을 버리고 주변의 의견을 유연하게 받아들일 수 있는지가 중요하다.

상사나 선배로부터 어떤 지시를 받으면 일단 흔쾌하게 듣고, 유연하게 일을 진행하는 것을 우선시하자. 그런 의견들을 흔쾌하게 받아들인 결과가 실패로 끝난다 하더라도 상관없다. 다음부터는 같은 실패를 하지 않도록 조심하면 되는 것이다.

그런 순순한 부하에 대해 상사는 몇 번이고 기회를 줄 것이다. 오히려 하찮은 '고집'을 내세우며 억지를 부린 부하는 그럭저럭 성과를 낸다고 해도 회사 내 평가는 낮아질 것이다.

나는 편집자의 요청 사항을 들을 때 언제나 '다른 사람의 눈은 나를 빛나게 하는 빛이다'라고 생각하며 받아들이고 있다.

다른 사람의 눈에서 나오는 빛이 없으면 우리는 빛날 수가 없는 것이다.

잔업은 자랑할 일이 아니다

만화가들이나 작가들에게는 마감 시간이라는 것이 있는데, '늦으면 늦을수록 좋은 작품이 나온다'라는 이상한 고정관념 같은 것이다. 마감 직전까지 원고를 보내지 않고, 아슬아슬하게 마감 시간 직전에 원고를 넘길 때의 그 긴장된 분위기가 주는 '아슬아슬함'을 즐기는 것 같기도 하다.

그리고 원고를 정해진 기일 내에 넘기는 사람에 대해 '그냥 대충대충 한 거 아냐'라고 생각하는 경우까지 있는, 이상한 세계다.

그래서 만화가들끼리 모여 술을 한잔하게 되면 "내가 며칠 밤을 새웠는지"라든지 "저번 주에는 정말 아슬아슬했어" 같은 자기자랑이 반드시 안주거리로 올라온다. 혹은 "건강검진에서 이 부분이 안 좋대" 하며 건강하지 못한 자랑도 이어진다. 나는 "하루빨리 병원에 가봐"라고 말하고 싶지만, 나 같은 사람은 소수일지도 모른다.

예전엔 나도 '그렇게 하는 것이 만화가'라고 생각하여, 선배들처럼 밤에 작업을 하고 매일같이 철야하면서 그린 원고를 아침에 넘기는 스타일이었다.

그런데 그런 생활이 계속되다 보니 아무래도 효율적이지 않았고 보조작가들도 쉽게 떠나갔다.

가만 생각해보면 철야를 하지 않으면 안 되는 규칙이 있는 것도 아니었다. 그래서 아침부터 저녁까지 일하는 스타일로 바꾸기로 하고 아침 10시부터 저녁 8시까지 짧게 집중해 원고를 그리는 규칙으로 바꿨다. 그랬더니 우선 스태프들의 피로도가 눈에 띄게 줄었고, 스태프들이 피곤하지 않은 만큼 집중력도 높아져 결과적으로는 작업 속도가 빨라졌다. 그래서 이전보다 보람을 더 느끼게 되었는지 스태프들의 이직률도 확 줄어들었다.

지금은 주 3일 휴무 하루 약 9시간의 노동으로 3건의 연재를 해내고 있다. 말할 필요도 없이 철야 따위는 하지 않고 말이다.

만화가의 경우는 좀 극단적이긴 하지만 일반 회사에서도 별 의미 없는 잔업을 하고 있는 건 아닐까? 낮 시간엔 꾸물거리다가 밤엔 무보수 잔업을 하며 "'아이구, 또 막차 타게 생겼네"라든지 "요즘 애들 얼굴을 본 적이 거의 없어"' 하면서 말도 안 되는 잔업 자랑을 하고 있는 건 아닐까?

내 직업인 만화가라는 입장에서 말하면, 철야를 했다고 해서 작품의 질이 향상되었던 것도 아니고 오히려 정신적으로도 육체적으로도 점점 위축되어 질이 저하되었다. 편집자를 비롯한 주변 사람들에게 민폐를 끼친 것은 말할 필요도 없다.

밤샘 작업이나 잔업은 누구도 원하는 일이 아니다.

낮 시간에 모든 일을 끝낸다면 그것이 제일 효율적이다.

내 속에 있는 시간의 '틀'을 재검토해보자.

09

자신의 역량을 정확히 알아라!

'평범한 사람'과
'괴짜'가 있다면
당신은 누구와 같이
일하고 싶을까?
귀찮은 사람이 될 바에야
많은 사람들에게 사랑받는
'보통사람'이 되는 것이
훨씬 낫다.

괴짜보다 평범한 사람이 낫다

2006년에 물러난 고이즈미 전 총리는 이례적이라고 할 만큼 높은 지지율로 5년 반에 걸친 임기를 마쳤다. 고이즈미 전 총리가 그만큼 인기를 유지했었다는 것은 역시 그의 강렬한 개성과 리더십이 매력적으로 보여서였을 것이다. 그렇다고 해서 '시대는 개성적인 인물을 요구하고 있어' '나도 개성적인 사람이 되어야지'라고 생각하는 것은 엄연한 착각이다.

고이즈미는 괴짜라고 불릴 만큼 독특한 인물이었지만 보통 사람들이 그런 것을 흉내 낸다면 주변에서 귀찮아하는 사람이 되고 말 것이다.

당신 눈앞에 '평범한 사람'과 '괴짜'가 있다고 한다면 누구와 같이 일을 하고 싶은가?

자신의 회사나 자신의 부서로 받아들인다면 어느 쪽이 적임자일 것인가?

아마 대부분의 사람들이 '평범한 사람'이라고 답할 것이다.

괴짜라는 건 나와 상관이 없을 때는 재미있을지 몰라도 실제로 내 옆에 있으면 피곤한 존재로 여겨지기 쉽다. 게다가 자기 맘대로 일을 처리하며 다른 사람에게 민폐를 끼친다면 그만큼 골치 아픈 존재도 없을 것이다. 개성적인 것 자체는 나쁘지 않지만 그것이 지나쳐 '괴짜'가 되어버리면 그냥 귀찮은 존재밖에 안 되는 것이다.

귀찮은 사람이 될 바에야 많은 사람들에게 사랑받는 '보통 사람'이 되는 것이 훨씬 낫다. 특히 조직 내에서라면 말할 것도 없다.

만화의 소재에 필요해 기업의 채용부문에 대해 취재를 하고 있을 때 들은 이야기가 있다.

대부분의 기업 채용 담당자는 이력서에 '공백'이 있는 인물을 채용하고 싶어 하지 않는다는 것이다.

예를 들어 1년간 미국에서 배낭여행을 했다든가 유럽에서 어학원에 다녔다든가 혹은 인도를 여행했다든가, 그런 '공백 기간'이 있는 사람은 기본적으로 환영하지 않는다는 이야기였다.

그 응시자들 입장에서 보자면 '나만의 실적'이나 '나만의 개성'을 쌓으려고 했던 것이지만, 해외여행이나 해외유학을 하는 사람들은 너무나 많기 때문에 그런 '개성'보다는 4년 만에 대학을 졸업하고 평범하게 일반 상식을 배워온 쪽이 훨씬 바람직하다는 것이다.

특히 그해 졸업한 학생들의 경우, 기업은 '인품이 좋고 최소한의 상식만 있다면 그걸로 된다'고 생각하고 있다고 했다.

지식이나 기술에 대하여는 입사한 후 가르치는 것이 일본 기업의 특징이다. 그러므로 입사한 후 상사의 명령에 반발하거나 각종 트러블을 일으킬 것 같은 '괴짜'보다는 말하는 것을 순순하게 받아들이는 '보통사람'이 몇 배나 바람직하다는 것이다.

거물의 '틀'을 훔쳐라!

지금까지 '보통사람'의 의의를 강조하는 이야기를 읽으면서, 여러분들도 세상에서 생각하는 '개성'이 얼마나 의미가 없는지 그리고 유해한지 어느 정도 이해가 되었을 것이다.

그래도 어딘가 석연치 않은 기분이 남아 있는 사람도 있을지 모른다.

'개성'이 환상이라는 것도 그리고 '보통사람'이 낫다는 것도 확실히 알게 되었다. 적어도 '괴짜'보다는 훨씬 나은 것 같다. 무슨 말인지는 알겠지만 내 인생은 결국 그 정도일까? 평사원으로 주저앉지 않고 출세하고 싶고, 돈도 벌고 싶고 큰 집에서 살고 싶다는 그런 욕망까지도 버리라는 것인가, 포기하라는 것인가?

필시 이런 생각을 하는 사람도 있을 것이다.

나만 해도 잘 안 팔리는 만화나 적당히 팔리는 만화를 그리기보다는 엄청나게 팔리는 인기만화를 그리고 싶고, 큰 히트를 쳐서 돈을 왕창 벌며 잘살고 싶다는 마음이 있다. 이건 당연한 욕망이다.

그런데 이것을 순서의 문제라고 생각해봐야 한다.

내 직업이 만화가이다 보니 자꾸 만화가의 예를 들 수밖에 없는데, 일단 처음엔 '프로로서 먹고살 것' 즉 '만화잡지에 연재하는 것'이 선결과제다. 큰 히트를 치고 아니고는 그 다음의 일이다.

그리고 프로로서 최소한의 일을 하기 위한 '틀'이 있는데 엄청난 천재라면 몰라도 우리 같은 보통 인간들은 '틀'을 익히지 않으면 제1단계조차 헤쳐나갈 수 없다.

그렇게 해서 제1단계를 해결한 후에 그 다음의 새로운 '틀'을 익히는 것이다.

보통 배팅 폼을 마스터하고 배팅의 기초를 체득한 후에 진자타법(일본의 프로야구 선수 이치로의 타법으로 오른쪽 발을 시계추처럼 흔들며 타격 포인트를 맞춘다-옮긴이)에 도전하는 것과 같은 것이다. 기초를 익힌 다음에는 이렇게 '거물'의 '틀'을 흉내 내보자.

그런데 '거물'의 '틀'이 도대체 어디에 있단 말인가?

나는 일상생활의 소소한 장면에서 이 '틀'을 쉽게 볼 수 있다고 생각한다. 예를 들면 "방송사의 처사에 화가 나서 수신료를 안 내기로 했어"라고 말하는 사람들. 헌금함에 달랑 5엔 동전 한 닢만 넣는 사람들, 그리고 영수증과 포인트카드가 지갑에 꽉 차 있는 사람들.

그런 것이 그다지 잘못된 것은 아니겠지만 과연 '거물'들도 그럴까 생각해보게 된다.

'거물'들은 아마 방송사에 불만이 있더라도 수신료를 안 내지는 않을 것이다. 말할 것이 있으면 수신료를 낸 후에 당당히 의견을 말할 것이다. 헌금함에 백만 엔을 넣지는 않는다 하더라도 최소한 500엔 동전이나 천엔 지폐 정도는 내지 않을까? 지갑 속만 해도 항상 깔끔하게 정리되어 있지 않을까?

이런 소소한 선택에서 엿보이는 균형감각의 다름이 '거물'과 '찌질이'를 나누고 있다는 생각이 든다.

물론 이것은 돈에 여유가 있고 없고 이전의 문제다.

신칸센도 그린차(Green車, 일본 국철 또는 JR의 여객열차 중 보통 차량에 비해 승객 1인당 점유면적이 넓고 시설이 좋아 별도의 요금을 받는 특별 차량의 명칭-옮긴이)를 기준으로 생각한다. 그린차가 '보통보다 비싼 자리'라는 것이 아니라 자유석이 '보통보다 저렴한 자리'라고 생각하는 것이다.

콘서트도 스탠딩석보다는 공연무대와 가까운 자리를 기준으로 한다.

가솔린은 무연 가솔린을 쓰며, 비디오 녹화도 3배 모드(2시간짜리 비디오테이프에 6시간 분량을 녹화하는 것-옮긴이)는 사용하지 않는다.

궁상맞은 습관이 몸에 밴 사람은 언제까지나 그 자리에 머물 것이다.

생활에 조금 여유가 생긴다면 좀 더 여유 있는 습관을 익혔으면 한다. 습관도 하나의 '틀'인 것이다.

3장 정리

하나!

내가 온리원(only one)이라는 건 환상이다.

둘!

새로운 옷을 입고 싶으면 지금 입고 있는 옷을 벗어라.

셋!

꿈의 속박에서 벗어나라.

넷!

고집을 버리고 다른 사람의 이야기를 흔쾌하게 들어라.

다섯!

대하기 힘든 괴짜보다 사랑받는 보통사람이 되어라.

여섯!

거물이 되고 싶으면 거물의 '틀'을 따라 해라.

평범한 '틀'을
익힌 다음에는
거물의 '틀'을 훔쳐라.

제4부

전통적 수직사회에는 훌륭한 점이 있다!

10

사회에서 통하는
수직사회 논리를
배우자

11

수직사회에는
장점이 있다

12

윗사람을 통해
배우고
성장하라

“ 수직사회 논리에는 성공의 기본기가 숨어 있다. ”

10

사회에서 통하는 수직사회 논리를 배우자

수직 논리에 따르면
'나는 이 조직의 일원이다'라는
공동체에 대한
소속감이 생긴다.
조직 안에
굳건한 규칙이 있고,
정해진 자신의 역할을
수행하면서
조직에 헌신적이
될 수 있는 것이다.

수직사회는 재평가되어야 한다

얼마 전, 텔레비전을 보는데 어느 탤런트가 이런 말을 했다.

"젊었을 때 불량스러웠거나 폭주족 같았던 사람들이 예의를 잘 차리더라구요."

왠지 납득이 가는 이야기다.

어른들의 권력에 반발하여 겉으로는 기존의 규칙이나 기성세대의 가치관을 거부하는 그들이지만, 그 무리들의 속내는 놀랄 만큼 정돈되어 있는 수직사회가 형성되어 있는 것이다.

리더의 명령은 절대적이며, 선배한테 반항한다는 것은 거의 생각할 수 없는 일이다. 인사부터 자리에 앉는 순서까지 모든 것에 수직사회의 논리가 관통하고 있다.

수직 논리에 따르면 '나는 이 조직의 일원이다'라는 공동체에 대한 소속감이 생긴다.

조직에 대한 충성심, 동료들과의 연대감, 나는 혼자가 아니다라는 안도감 등 수직사회에는 다양한 장점이 있다.

학교에서 낙오된 젊은이들이 스스로 불량그룹에 들어가는 것은 필시 그 때문일 것이다. 불량그룹이라고 하는, 규율이 엄한 수직사회에 속함으로써 연대감, 안도감을 느끼게 되는 것은 숨길 수 없는 현실이다. 그러나 전반적인 사회 분위기에는 반하는 것 같아 마음놓고 드러내기에는 꺼려지는 면이 있다. 전반적인 사회 분위기는 개개인의 개성과 자유를 중시하는 쪽으로 흐르며, 일방향적인 수직사회의 폐해도 개선해나가야 할 부분이기 때문이다. 그 결과 올바른 사회성도 제대로 익히지 못한 채 갈 곳을 잃은 젊은이들이 아르바이트족이나 니트족에 편입되는 것이다.

수직사회의 훌륭한 점도 반드시 재평가되어야 한다.

개인기에 의존하는 조직은 왜 약할까?

지금은 일본 축구계의 오점이라고까지 평가받는 2006년 독일 월드컵. 나는 일본 대표의 대 브라질전을 관전하기 위해 독일까지 갔었는데 그 당시의 일본 대표는 엄청난 기대를 한 몸에 받고 있었다.

대표팀은 청소년대표 시절부터 세계를 상대로 활약해온 오노(小野), 타카하라(高原), 이나기(稲木) 등 '황금세대'와 발군의 테크닉을 가진 '천재적인 축구선수' 나카무라 슌스케(中村俊輔)와 '세계적인 나카타' 나카타 히데토시(中田英寿)라는 화려한 사령탑을 가진 사상 최강의 멤버로 이루어져 있었다.

그런데 뚜껑을 열어보니 1무2패라는 참담한 성적이었다. 최소한의 목표였던 결승 토너먼트 진출에 실패한 것만이 아니라 1승도 차지하지 못했던 것이다.

그렇게 재능이 넘치는 선수들이 모인 팀이 어떻게 1승도 하지 못했던 걸까? 나는 지코 감독의 전략과 전술에 문제가 있었다고 생각한다.

지코 감독은 팀의 지침으로 '자유'를 내세웠고, 거의 전술다운 전술 없이 본 대회에 임했으며, 선수 자신의 대응 능력, 심상화 능력에 모든 것을 맡겼다. 아마도 지코 감독은 이렇게 재능이 넘치는 선수들이라면 그것이 가능할 것이라고 믿었던 것 같다.

그러나 지코 감독의 '자유'는 선수들에게 곤혹감과 망설임을 야기했을 뿐이었다. 특히 전술이 주어지지 않은 수비진의 붕괴된 플레이는 눈을 가리고 싶을 정도로 비참했다. 지코 감독의 '자유'는 완전한 실패였다.

나는 독일 스타디움에서 그것을 상징하는 듯한 장면을 목격할 수 있었는데, 바로 시합 전의 워밍업 광경이었다.

각자 따로 필드로 나와 2인 1조가 되어 자기 페이스로 연습을 시작하는 일본 대표의 모습은 자유라고 말하면 자유겠지만, 팀의 결속력은 전혀 느낄 수 없었다.

한편 브라질 대표는 전혀 달랐다.

코치와 트레이너들이 선수 전원에게 지시를 내리고 모두 같은 연습을 하는 전체 연습이었다.

그 개성파의 올스타 군단까지도 자유보다는 규율이 우선되었던 것이다.

시합 전의 연습 광경을 본 것만으로도 나는 지코 감독의 '자유'가 얼마나 위험한 것인지 알 수 있었다. 실제 시합은 다시 떠올리고도 싶지 않을 정도로 비참했다.

전반전은 나름대로 잘 풀어나가 선제점을 얻었지만 전반 종료 직전에 동점골을 내주면서 팀은 한순간에 풀이 죽었다. 그러더니 후반전에서는 거의 어른 대 아이의 시합 같은 상태가 되었다. 그리고 일본 대표는 완전히 따로따로 놀았다.

이 경기를 끝으로 은퇴한 나카타 히데요시 선수의 은퇴 사실을 멤버들 누구도 몰랐다는 사실도 팀의 결속력과 신뢰에 문제가 있었다는 사실을 말해준다. 좀 더 신뢰관계가 쌓여 있었다면 경기를 승리로 이끌겠다는 동기부여가 될 수 있었을 것이다.

조직은 '틀'이 있어야 제대로 기능한다

지코 재팬이 탄생했을 때 모든 언론들은 칭찬을 아끼지 않았다.

전임 투르시에 감독은 너무나 '조직' 지상주의로, 선수들을 엄하게 단속하여 선수들로부터 불만의 소리가 많았다. 게다가 나카무라 슌스케 선수처럼 신임을 얻지 못하여 뽑히지 못했던 우수한 플레이어도 있었다.

거기에 비해 '자유'를 내세우며 올스타 군단을 결성한 지코 감독은 그야말로 브라질 같은 강하고 재미있는 축구를 보여줄 것으로 생각되었다. 그런데 실제는 어땠는가? 적어도 내가 보기에는, 투르시에 재팬이 전술이 확실했고 수준도 높았고 관전하는 것도 재미있었다.

한번 어긋나기 시작해도 수정을 하지 않고 계속 시합을 끌고 나가는 지코 재팬은 이겨도 져도 성장감을 느낄 수 없었다.

반면교사이긴 하지만 지코 재팬이라는 엄청난 실험만큼 일본인에게 '자유'의 두려움을 가르쳐준 일은 없을 것이다. 그 후 오심 재팬, 오카타 재팬의 모습을 보고 있으면 더더욱 그렇게 느

껴진다.

특히 조직 플레이가 필요한 팀 스포츠에서는 '자유'보다 '틀'이 훨씬 중요한 것이다.

이것은 축구만의 이야기가 아니라 야구에서도 마찬가지다.

아무리 많은 홈런타자를 모아도 그걸로 '타선'이 완성되지는 않는다.

발이 빠른 1번 타자, 기교파의 2번 타자, 올라운더 3번 타자 그리고 부동의 4번 타자라는 타선으로서의 '틀'이 있기 때문에 팀은 기능한다. 그리고 감독의 통솔력과 주장의 리더십이 있어야 '이것이 우리들의 야구'라는 팀으로서의 의식이 선수 전원에게 침투되고, 팀이 강해지는 것이다.

이런 '틀'이 없는 개성파 집단에서는 팀은 각자 노는 것이 되어버린다.

실제로 야구 월드컵인 WBC에서 연패한 일본 대표는 홈런타자를 모은 올스타 군단이 아닌, 발 빠른 기교파 타자를 모은 팀

편제였다.

물론 거기서는 '자유'보다는 '틀'이 요구된다. 당신이 스포츠를 좋아한다면 지코 재팬과 WBC 일본 대표라는 두 대표팀에 대해 각각의 장점과 단점을 들면서 비교해보는 것도 재미있을 것이다.

지금까지 축구에서도, 야구에서도 '일본인은 체격적으로는 외국인에 비해 열등하므로 조직력으로 승부할 수밖에 없다'는 말을 들어왔다. 조직 플레이는 약함의 반증으로 생각되었지만 그것이 큰 착각이라는 것을 알게 되었다.

실제로 독일 월드컵에서 4강에 오른 것은 조직을 중시하는 유럽선수권들이었다.

그리고 우승은 견고하고 헌신적인 수비로 알려진 이탈리아에게 돌아갔다. 원래 '헌신적인 플레이'라는 것은, 개인주의로부터는 절대로 나오지 않는다. 조직 안에 굳건한 규칙이 있고, 선수들은 개인 플레이를 하지 않고, 정해진 자신의 역할을 수행하는 그런 공통인식이 있기 때문에 헌신적이 될 수 있는 것이다.

조직이란 '틀'이 있어야만 기능하는 것이며 '틀'이 있는 쪽이 강한 조직이다.

“ 조직을 자랑스럽게 만드는 것은 독자적인 규칙이다. ”

11

수직사회에는 장점이 있다

전통이
계승되어왔다는 것은
'틀'이
있었기 때문이다.
그리고
그 '틀'을 가르치는
누군가가
있었기 때문이다.

수직사회는 소속감을 높인다

조직에 대해 좀 더 깊이 생각해보자.

회사에서도, 학교에서도 혹은 나라라는 단위에서도 조직이 잘 돌아가기 위해서 필요한 것은 무엇일까?

내가 이 조직의 일원이라는 것을 자랑스럽게 생각한다면 조직에 대한 충성심은 저절로 생기며 헌신적인 협력을 하게 된다. 그래서 조직이 제멋대로 따로 노는 일도 없어지며 상부로부터의 지시도 순수하게 받아들이게 된다. 그렇다면 어떻게 해야 그 조직을 자랑스럽게 생각할 수 있을까?

그것은 '독자적인 규칙 만들기'에 있다.

예를 들어 조직만의 고유한 노래 같은 것이다. 국가나 교가도 그렇다. 고도성장기의 회사에서는 매일같이 사가를 부르기도 했다. 이러한 자신들만의 노래를 부르면서 '이것은 우리들만의 노래다' '이 노래를 부를 수 있는 건 우리들뿐이다' '이 노래를 부르는 사람들은 모두 동료들이다'라는 연대감이 생겨나며, 그리고 그 강한 연대감은 머지 않아 조직의 일원이라는 자랑으로 바뀌어간다.

또한 기업이나 학교 제복에도 같은 역할이 있다. 양복에 다는 회사 배지도 마찬가지다.

올림픽에서 국기가 올라가고 국가가 울려퍼지면 아무리 정치적 견해가 다르더라도 다같이 감동한다. 소속감이란 그런 것이다.

그런데 이 '독자적인 규칙'을 만들어 정착시켜가는 과정은, 수직사회가 아니면 쉽지 않다.

원래 학교 교가이건, 제복이건 사가(社歌) 등은 특히 그렇지만 '독자적인 규칙'에는 논리로는 설명할 수 없는 것이 많다. 누군가 '왜 그런 것에 따라야만 하지?'라는 말하면 정당한 이유를 갖고 설득하기가 쉽지 않다. 그럴 때는 그냥 정색하면서 "그냥 조용히 시키는 대로 해"라고 말할 수 있는 수직사회가 아니면, '독자적인 규칙'이 정착되기 쉽지 않다.

지금 교육현장은 바로 이 문제에 직면해 있다.

아이들의 인권이나 개성을 너무 존중한 나머지, 학교 내에 수직사회의 요소가 사라져가고, 결과적으로 학교가 붕괴 직전에 몰려 있다.

이런 교육 문제에 대해서 나는《꼴찌, 동경대 가다》를 통해 느낀 바가 많으므로 다음 장에서 차분히 얘기하겠다.

싸구려 자유 따위는 필요 없다. 조직 전원의 소속감을 높이고 긍지를 가지게 하기 위해서는 수직사회의 경우에도 많은 '독자적인 규칙'을 만들어갈 필요가 있다.

그래서 만약 당신이 지금의 회사에 긍지를 가지지 못하거나 일할 의욕을 느끼지 못한다면, 그것은 아마도 상사가 쓰레기이기 때문일 것이다. 강한 리더십을 가진 상사가 있고 회사 전체에 '독자적인 규칙'이 많이 있다면 필시 소속감도 자긍심도 생겨날 것이다.

쓰레기 같은 상사에게도 배울 점은 있다

만약 상사가 "'좀 더 개성을 가져" "스스로 생각해" "일은 배우는 게 아니야. 훔치는 거야"와 같은 말을 한다면 주의해야 한다. 그 상사에게는 지도력이 없을 뿐 아니라 제대로 지도해줄 수 있는 노하우도 가지고 있지 않을 가능성이 높다.

오히려 "너는 잠자코 시키는 대로 하면 돼"라는 말을 듣게 되면 순간적으로는 욱할지 모르지만 앞의 경우보다 훨씬 낫다. 적어도 여기서는 무엇을 해야 하는지 그리고 무엇을 하면 안 되는지 분명해지기 때문이다.

예를 들어 선수를 올림픽으로 이끄는 명코치들은 모두 '이렇게 하면 강해진다'는 지도의 '틀'을 가지고 있다. 한편 엉터리 코치는 그런 '틀'을 가지고 있지 않으며, '이렇게 하면 강해진다'라는 말도 못하기 때문에 선수들의 자주성을 존중해주는 듯이 보인다. 이것은 완전한 위임이며 그냥 책임을 전가하는 것뿐이다.

만화의 세계에서도 '만화는 배우는 게 아니라 보고 훔치는 거야'라고 생각하고 있는 만화가들이 결코 적지 않다고 생각한다.

그 말은 본인이 만화의 '틀'을 제대로 가지고 있지 않든지, 자기가 체득한 '틀'을 말로 표현하지 못하는 실력을 실토하는 것일 뿐이다. 재능은 가르칠 수 없다 하더라도 만화의 '틀'은 얼마든지 있다. 아니, 가르칠 수 없다면 오히려 그게 이상한 것이다.

에도 시대부터 몇 대를 걸쳐 이어져온 오래된 점포나 일본의 전통 예능 중에도 '전혀 재능이 없는 후계자'가 한둘은 있었을 것이다.

그럼에도 전통이 제대로 계승되어왔다는 것은 거기에 '틀'이 있었기 때문이라고 생각할 수밖에 없다. 그리고 그 '틀'을 가르치는 누군가가 있다고 생각할 수밖에 없다.

그렇다면 쓰레기 같은 상사와 일을 하게 되었을 때 어떻게 하면 좋을까?

내가 강조하고 싶은 것은 우선 '도망치지 말라'는 것이다. 쓰레기 상사 밑에 있으면 일도 재미없어지고 의욕도 안 생기며 도망가고 싶어진다. 그러나 거기서 도망간다 해도 아무것도 해결

되지 않는다. 직장을 옮긴다고 해도 어차피 그곳에도 또 다른 쓰레기 상사가 기다리고 있을 것이다. 좋은 상사, 마음으로부터 존경할 수 있는 상사를 만날 확률은 그다지 높지 않다.

그래서 아무리 쓰레기 같은 상사라 하더라도 일단 일정기간 밑에서 일을 해보는 것이다.

인생에는 이런 수련 기간이 있구나 정도로 생각하자는 거다. 그러면 머지 않아 별로 신경도 안 쓰이게 되고 잡음을 차단하는 방법, 잔소리나 푸념을 그냥 넘기는 방법도 알게 된다. 이런 것들은 어떤 의미에서 쓰레기 상사 밑에서만 배울 수 있는 '틀'이다.

인간이라면 누구든지 좋아하는 사람이나 존경할 수 있는 사람을 찾는 것보다 싫은 사람을 찾아내는 게 쉬운 법이다. 길을 걷고 있어도 텔레비전을 보고 있어도 트집을 잡자면 얼마든지 잡을 수 있다. 그런데 그런 상대방을 만나면서 배우는 것도 있다. 그것만 염두에 두고 있으면 쓰레기 상사나 마음에 안 드는 동료와도 그럭저럭 일을 잘 풀어갈 수 있을 것이다.

개인주의는 무책임하다

보통 사람들은 만화가들이 대단히 개인주의적으로 일하고 있다고 생각하는 것 같다.

그러나 실제 만화가들의 일이라는 것은 엄격한 팀플레이로 이루어진다. 보조작가라는 스태프들은 절대로 빼놓을 수 없는 팀메이트이며, 정확한 조언을 해주는 편집자도 대단히 중요한 파트너이다. 그리고 보조작가를 고용하여 팀을 운영한다는 의미에서 만화가들에게도 나름대로의 경영자 감각이 요구된다.

좋은 팀에는 각각의 멤버가 적재적소에 배치되어 있다.

내 경우도 스태프들을 적재적소에 배치하여 그들의 의욕이나 능력을 최대한으로 끌어내려고 하고 있다. 그러기 위해서 내가 처음 생각한 것은 역시 '가벼운 수직사회'의 구축이었다. 그리고 너무 엄하면 서로 불편하겠지만, 스태프들끼리도 일정한 계급적 조직구조를 만들어 질서를 지키도록 했다. 이런 구조는 팀을 긴장시켜 각각의 역할을 명확히 하기 위해서도 빼놓을 수 없는 요소다.

그리고 적재적소라는 의미에서 개개인의 잘하는 분야를 찾아내야 한다.

예를 들면 여자 스태프는 빌딩이나 차 같은 무거운 것보다는 양복이나 액세서리와 같은 부드러운 표현에 뛰어나며, 실제로 그런 것을 그리고 있을 때 즐거워 보이기도 한다. 이렇게 해서 '그녀는 패션 관계', '그는 기계관계', '저 사람은 인물'처럼 잘하는 분야를 서로 공유하고 있으면 각각의 역할분담도 확실하고 작업은 부드럽게 진행된다.

그런데 수직사회의 질서가 없으면 역할분담이 쉽지 않으며, 단순한 개인주의 집단이 되면 엄청난 혼란이 기다리고 있다. 우선 개인주의적인 사람은 기본적으로 '나는 나대로 할 테니까 너는 너대로 해'라고 하는 태도로 매사를 생각한다. 이것은 쉽게 말하면 나 몰라라 하는 태도다.

자신의 일이라고 여기면 하지만, 조금이라도 자신의 범주를 벗어나는 일에 대해서는 '누군가 해주겠지' 하며 대수롭지 않게 생각하면서 절대로 관여하지 않는 것이 개인주의의 정체이다.

그래서 내가 반복 설명하고 있는 '헌신적인 플레이'라는 것을 그들은 절대로 이해하지 못하며, 원래 팀이라는 의식조차 희박하다.

개인주의적인 크리에이티브 집단 하면 뭔가 듣기는 그럴싸한 것 같아도 그런 인간들만 모인 조직이라면 금방 무너지고 말 것이다.

개인주의라는 것은 조직의 일원으로서의 책임을 지려고 하지 않는, 제멋대로 나 몰라라 하는 주의인 것이다.

“ 불안정한 세상에서는 전통 속에서 답을 찾을 수 있다. ”

12

윗사람을 통해 배우고 성장하라

수직사회에
반기를 드는 것도 좋지만
일단 수직사회에
푹 빠져보고 난 연후에
다른 행동을 취해도
좋을 것이다.

스모에서 배우는 '수직사회'의 좋은 점

나는 스모의 세계가 일본적 수직사회의 표본이라고 생각한다.

우선 스모는 완전한 실력주의다. 그 지위는 '반츠케(순위표-옮긴이)'라고 하는 랭킹제도로 되어 있으며 반츠케를 올리고 싶으면 승리를 반복하는 수밖에 없다.

그리고 스모에서는 '세키토리(関取)라고 불리는 마쿠우치(幕内)와 쥬료(十両) 등급의 장사들만 월급을 받고 마쿠시타 이하(마쿠시타, 산단메, 죠니단, 죠노구치)의 선수에게는 단 한 푼도 주지 않는다. 또한 스모 선수의 상징이라고 할 수 있는 오오이쵸(大銀杏. 상급 스모 선수의 머리형으로 상투 끝을 은행잎 모양으로 넓게 편다-옮긴이)를 묶을 수 있는 것도 세키토리만 가능하다. 그 외 기모노, 버선, 방석, 연습용 샅바 등 여러 면에서 세키토리와 마쿠시타 이하의 선수 사이에는 차이가 확실히 구분되어 있다.

그리고 세키토리와 마쿠시타의 최대의 차이는 시중드는 사람의 유무이다. 쥬료로 올라간 장사에게는 일상적인 시중을 들어주는 사람이 붙는다. 또한 합숙소에서 창꼬(스모 선수들이 먹는 요리. 큰 냄비에 큼직하게 토막친 생선이나 고기, 채소 등을 넣고 끓인다-옮긴이) 만들기, 청소, 장보기 등 일상 용무를 하지 않아도 된다. 쉽게 말하자면 월급을 받지 않는 마쿠시타 이하의 선수들은 이런 일상 업무나 시중드는 업무를 함으로써 의식주를 제공받는 것이다.

'윗사람이 강한 권력을 가지고 아랫사람은 일상업무를 해낸다'는 이러한 수직사회의 공식은 지금도 중학교나 고등학교, 대학교의 운동부에 많이 반영되어 있다. 그리고 대학 운동부의 경우, 1학년생이 여러 일상업무를 해내고 4학년생은 회식비를 내는 경우가 많은데 그런 것은 스모의 축소판이라고 할 수 있다.

그리고 내가 재미있다고 생각하는 것은 실력이 없는 마쿠시타 아래의 선수라도 합숙소의 업무나 시중드는 역할을 함으로써 확실히 먹고살 수 있는, 스모의 안전망 시스템이다.

만약 야구나 축구처럼 프로스포츠였다면 실력이 없는 선수를 먹여살릴 여지는 전혀 없다. 아무리 야구를 좋아한다 해도, 아무리 그 팀을 좋아한다 해도 구단이 실력 없는 선수를 고용할 수는 없는 것이다.

그래서 시중드는 사람 등을 포함한 스모의 다양한 관례에 대해 "낡았어" "지금 시대와는 맞지 않아"'라고 비판하는 것은, 세상을 한쪽에서만 보고 있는 사람들이 하는 말이다.

오히려 다른 프로스포츠처럼 쉽게 모가지가 잘리는 일도 없고 기회도 몇 번이고 주어지며, 약자에게는 약자 나름대로 살아남을 수 있는 길을 준비해두는 것이 스모의 세계이다. 만약 스모의 세계와 같은 회사가 있다고 한다면 일본인에게는 이보다 일하기 좋은 장소는 없을 것이다.

위로부터의 명령에는 절대복종이 원칙이며, 그 대신 윗사람도 자신의 입장을 지키기 위해서는 항상 결과를 계속 만들어내지 않으면 안 된다.

그리고 윗사람은 항상 자신을 도와주는 아랫사람에 대해, 자신이 번 것을 재분배한다. 아랫사람은 비즈니스적 재능이 없더라도 윗사람에게 복종하고 맡은 일만 잘하는 한 해고당하는 일도 좌천되는 일도 없다.

지금처럼 불안정한 세상에서 오히려 전통을 지키는 스모에서 배울 점이 있지 않을까.

상사는 자신을 이끌어주는 사람이다

일을 어느 정도 할 수 있게 되면 이번에 '부하를 키우는' 것도 중요한 업무의 하나가 된다.

스포츠 세계에서는 '명선수는 명감독이 될 수 없다'는 말이 있는데, 확실히 선수로서의 재능과 감독(상사)으로서의 재능은 전혀 다른 것이다. 나 자신도 처음에 보조작가를 고용했을 때는 어떻게 야단을 쳐야 좋을까, 그리고 어떻게 키워야 할까 막막했었다.

나 자신이 보조작가를 해본 적이 없었으니 참고할 '틀'이 없었던 것이다. 그냥 시행착오를 반복하면서 어떻게 키워야 하는지 맥을 잡게 되었다.

우선 부하(내 경우는 보조작가)를 키워야겠다고 생각했으면, 혼낼 때는 확실히 혼내고 칭찬할 때는 아낌없이 박수를 쳐줘야 한다.

어느 한쪽이 부족해도 안 되며 어느 한쪽으로 치우쳐도 안 된다. 균형 있게 혼내고 칭찬하는 것이 중요하다.

그리고 실제로 누군가에게 주의를 줄 때는 당사자만을 호되

게 혼내는 것은 하지 않으려 하고 있다. 잘못은 그 사람이 했고 어디까지나 그 사람에게 주의를 주는 것이지만 '그 자리에 있는 모든 사람'에게 말하는 듯한 방식을 쓰고 있다. 그렇게 해야 주의를 받은 그 사람도 '왜 나만'이라든지 '모든 사람들 앞에서 망신당했다'와 같은 불편한 마음이 생기지 않게 된다. 그리고 그 장소에 있는 다른 스태프들도 마치 자신의 일처럼 진지하게 받아들이고 주의사항을 듣게 되는 것이다.

요점은, 개인에 대해 공격하지 않고 문제를 전체의 책임으로 돌려 주의를 주는 것이 중요하다는 것이다.

이에 비해 칭찬하는 것은 더 어렵다.

이상한 타이밍에 칭찬을 하면 김이 새어버리며 그렇다고 해서 칭찬받는 일이 전혀 없으면 스태프들의 의욕도 줄어들 것이다. 일을 함에 있어 좋은 평가를 받고 싶다고 생각하고 평가를 받음으로써 자신의 성장을 실감하고 의욕도 생겨나는 것이기 때문이다.

그래서 나는 '전에는 하지 못했던 것'이나 '할 수 있게 된 순간'을 놓치지 않도록 직원들을 주의 깊게 보고 있다.

예를 들어 어떤 스태프가 예전엔 잘 그리지 못했던 차 그림을 조금 잘 그리게 되었다면 그 타이밍을 놓치지 않고 "잘했네" "잘 그리네" 하며 칭찬한다. 성장을 실감할 수 있게 하는 것이 더 큰 성장을 낳는 것이다.

그리고 또 하나 내가 중요하다고 생각하는 것이 책상이다.

새로 들어온 보조작가가 직장에 익숙해지고 일에 익숙해지려면 자신에게 주어진 책상을 '이것은 틀림없는 내 책상'이라는 생각이 들도록 하는 것이 중요하다. 즉 그 사람의 '있을 곳'을 제공해주는 것이 중요한 것이다.

언제까지나 다른 사람 책상에 앉아 있는 듯한 위화감을 갖고 있으면 직장에도, 일에도 익숙해지지 않으며 집중이 잘 되지 않는다. 이것은 신입사원에게만 해당되는 얘기는 아니다. 여러분들도 자신의 회사 책상에 앉았을 때, 그곳이 내가 있을 곳이라고 생각되는지 생각해봤으면 한다.

일단은 따르고 배우라

시대가 바뀌고 국제화의 파도가 거세도 일본이라는 나라는 봉건제도나 사농공상에서 계속되어온 수직사회를 토대로 형성되어 있다. 관민의 관계는 말할 것도 없이 기업도 학교도 지역사회도 모두 수직사회다. 이는 좋든 싫든 관계없이 받아들일 수밖에 없는 현실이다.

그렇다면 아예 뼛속까지 수직사회에 물들어버리자 하는 것이 내 생각이다. 용맹 과감하게 수직사회에 반기를 드는 것도 좋지만 일단 수직사회에 푹 빠져보고, 그 후에도 불만이 없어지지 않는다면 그때 다른 행동을 취해도 좋을 것이다.

장인들의 세계에서의 스승과 제자의 관계, 전통 예능에서의 스승과 제자의 관계, 이런 수직관계는 기술이나 전통의 승계에 대단히 큰 부분을 차지하고 있다.

나 자신도 스태프들과 일을 할 때 확실하게 수직관계의 서열을 지켜주는 스태프와 일을 하는 것이 훨씬 편하다. "이 부분을 이렇게 해보면 어떨까?"라고 제안하면 그것을 순순하게 받아들여주는 스태프와 일을 하는 편이 몇 배나 부드럽게 진행된다.

자신의 고집을 끝까지 우기는 것이 자신의 능력을 나타내는 것이라고 생각하는 사람이 있는데, 나는 그건 아니라고 생각한다.

제삼자의 제안에 유연하게 대응하는 적응 능력을 보여주는 것이야말로 그 사람의 실력을 여실히 드러내는 것이다.

무슨 일이 있어도 A밖에 그리지 못하는 '고집파'보다는 상황이나 요청에 따라 A도 B도 C도 그릴 수 있는 사람이 좀 더 유능하다. 그래서 특히 젊을 때는 윗사람이 지시하는 것에 대해 말대답하지 말고 그대로 해보라는 것이다. 나와 스태프가 아무리 다른 생각을 하고 있더라도, 쉽게 납득이 되지 않는 이야기라 하더라도 일단 잠자코 해보면서 자신의 적응 능력을 높여가는 것이다. 그런 식으로 A, B, C와 자신의 저축을 늘려갈 수 있는 것이다. 고집을 부리는 것은 아저씨가 된 다음에 해도 늦지 않다.

그리고 중요한 것은 그 수직사회에서 견디기 힘들어 도망쳐 나왔다 하더라도 거기서 기다리고 있는 것은 '규모가 작은, 또 다른 수직사회'인 것이다.

그야말로 망명이라도 하지 않는 한 어디로 도망쳐도 수직사회가 기다리고 있다. 그렇다면 그것에 익숙해질 수 있도록 노력해야 한다. 체육계의 경험이 있는 사람은 알고 있겠지만 엄격한 수직사회라는 것은, 의외로 지낼 만한 것이다. 서구 사람들은 어떻게 느낄지 모르지만 적어도 일본인에게는 수직사회를 편하게 느끼는 DNA가 내장되어 있다. 그것을 무시하고 서구식 개인주의나 자유주의로만 치우치는 것은 너무나 안타깝다는 생각이 든다.

4장 정리

하나 !

수직사회의 편안함을 인정하라.

둘 !

자유가 있는 만큼 부자유스러워진다.

셋 !

팀워크는 '틀'에서 만들어진다.

넷 !

수직사회는 소속감과 충성심의 근원이다.

다섯 !

스모에서 수직사회의 이상을 배워라.

여섯 !

윗사람의 지시에는 일단 따르라.

제5부

개성과 자유보다 '틀'을 배워라

13
전통과 형식에 답이 있다

14
개성을 키우지 말고 '틀'을 주입해라

15
세상 사는 법을 바르게 익히자

“사람의 가치를 재는 기준은 결국 실력이다.”

13

전통과 형식에 답이 있다

개성이나
창조성을 키우려면
기초가 필요하다.
즉 '틀'이 필요하다.
그리고
'틀'을 배우는 데에는
이치가 필요없다.

전통과 형식에 깃든 아름다움

나는 일본 고교야구 고시엔(甲子園)의 팬이다. '틀'을 엄격히 따르는 일본 고교야구를 보면서도 일본의 전통과 배울 점에 대해 생각해보게 된다. 고교야구 선수들이 장발에 염색을 하거나 피어싱을 하거나 하면 세상 사람들은 어떻게 생각할까? 제대로 된 경어도 쓰지 않고 시합 종료 후 교가 제창도 하지 않는다고 한다면 어떻게 생각할까? 개회식의 입장 진행에서 줄도 안 맞추고 터덜터덜 입장한다면 어떻게 생각할까? 시합에 진 후에 심판의 판정에 불만을 제기하거나 상대 팀의 험담을 한다면 어떻게 생각할까?

그 어느 것도 '고교생답지 않으며' '고교야구에선 있을 수 없는 모습'이다.

이런 입장에서 보면 일사불란한 입장 행진도 마치 군대 사열 같아 자유가 없어 보일 것이며, 심판의 판정에 의문이 있으면 솔직하게 어필해도 될 것 같은 생각이 든다.

즉 내가 하고 싶은 말은 모두 말로는 어린이의 인권이나 자주성, 자유 등을 존중하는 듯한 태도를 보이면서도 속마음은 그런 건 전혀 인정하고 싶지 않다고 생각하고 있는 건 아닐까라는 것이다. 어른들은 말로는 자율을 강조하는 태도를 취하면서도 속으로는 고교야구 선수들에게 단정한 모습과 경어 사용, 정정당당한 경기와 깨끗한 경기 매너 등을 요구하고 있는 것이다.

즉 내 입장은 확실하다.

아이들에게 필요한 것은 어중간한 자유가 아니라, 확실한 '틀'이다.

어렸을 때는 철저한 주입식 교육을 해야 하며 개성을 키우는 일은 기본 교육을 주입한 후에 해도 된다. 개성은 부모나 교사가 지나치게 관여하지 않아도 저절로 자라나게 되어 있다.

고시엔에서는 일사분란한 행진, 단정한 두발 등 따라야 하는 규칙이 많다.

공격에서는 보내기 번트를 많이 하고, 절대로 세이프가 되지 못할 것 같은 상황일 때는 헤드 슬라이딩도 한다. 수비에서는 투수는 반드시 선발투수로 완투하지 않고. 그리고 시합에 지면 울면서 고시엔의 흙을 가지고 집으로 돌아간다.

이런 것들은 고교야구 선수들에게 적용되는 '틀'인 것이다. 고교야구 팬은 야구가 보고 싶은 것이 아니라 이 '틀'을 보고 싶은지도 모른다.

만약 고교야구에서 이런 '틀'이 없어진다면 고시엔의 시청률은 눈에 띌 정도로 떨어질 것이다. 우리들의 속마음에 '틀'을 따르는 모습을 보기를 바라는 마음이 있다는 것을 느낄 수 있다.

왜 유토리 교육은 실패했을까?

지금은 유토리 교육(여유 있는 교육이라는 뜻으로 2002년 도입되었다가 2007년 폐지되었다. 주입식 교육을 지양하고 창의성, 자율성을 중시했다 - 옮긴이)이 폐지되었지만 도입 당시에는 지지하는 목소리가 많았다.

일본은, 적어도 내가 어렸을 때는 세계 유수의 교육 수준을 자랑하던 나라였다. 그런데 시험전쟁이나 점수 지상주의가 사회문제화되면서 서서히 '주입식 교육은 좋지 않다'는 풍조가 퍼지게 되었다.

아이들의 개성을 좀 더 살려 획일적인 지도를 지양하고 각각의 수준에 맞는 지도를 해야 한다는 의견이 나온 것이다. 그래서 조금씩 수업 시간을 줄이고 수업 내용도 소화하며 이른바 '낙제'가 나오지 않도록 지도 내용이 변해갔다.

모든 공립학교가 주 5일 수업제가 되어 초등학교부터 고등학교까지 모두 '총합학습(아이들이 스스로 배우고 스스로 생각하는 법과 스스로 공부하는 법을 익혀, 보다 문제를 잘 해결할 수 있는 자질이나 능력을 키우는 것을 목표로 실시된 학습 활동-옮긴이) 시간이 짜여 있었다. 그런데 이런 '유토리'를 추구한 결과, 아이들의 학력저하가 심각한 수준으로까지 떨어지게 되었으며, 부모들은 그 성적을 회복시키려고 아이들을 학원에 보내게 되었다. 결과적으로 처음 취지와 달리 아이들에게 학습 시간이 더 늘어나고 더 구속하게 되었다고 한다.

또한 이와 궤를 같이하듯이 '학급 붕괴'도 사회문제화되어, 많은 보호자들이 공립학교에 아이를 맡기는 것을 불안해하며 유명 사립학교로 보내려는 '시험' 붐이 본격화되었다.

부유한 '금수저' 집안에서 태어난 아이들은 유명 사립학교에 다니며 학원도 다니면서 쑥쑥 성장해가는 한편 그렇지 않은 '흙수저' 집안에서 태어난 아이들은 황폐한 공립학교에 다니며 학원에도 다니지 못한 채 어른이 되어간다.

그 결과 '금수저' 아이들은 '미래의 금수저'가 되고 '흙수저' 아이들은 '미래의 흙수저'가 될 가능성이 대단히 높아진다. 즉 '금수저'와 '흙수저'가 자자손손 몇 대에 걸쳐 굳어져가는 건 아닐까 걱정이 되는 것이다.

그러면 유토리 교육은 왜 실패한 것일까?

너무 과열되었던 입시전쟁이나 점수지상주의를 개선하기 위한 효과적인 수단으로 처음에는 환영을 받았는데도 왜 얼마 못 가 실패한 것일까?

나는 여기에 '틀'의 문제가 숨어 있다고 생각한다. 개성이나 창조성을 키우려면 기초가 필요하다. 즉 '틀'이 우선 필요하다. 기초도 '틀'도 없이 개성이나 창조성을 키우려 한 것은, 순서가 잘못된 것이다.

그리고 '틀'을 가르치는 데 있어 이치는 필요 없다.

예를 들어 구구단에 있어 6 곱하기 9가 54가 되는 것을 일일이 이치를 따지며 외울 필요는 없다. 의미 없는 빠른 말투로 노래 부르듯 그냥 외우는 것이 훨씬 빠르다. 6 곱하기 9가 왜 54인가를 생각하는 것은 구구단을 다 외운 다음에 생각해도 된다.

그리고 이른바 '낙제' 대책도 지도 내용의 레벨을 낮췄다고 해서 해소되는 것은 아니다. 낙제생들은 수업이 어렵기 때문에 모르는 것이 아니라 수업이나 지도를 받아들이는 방법을 힘들어하는 것이다. 그렇다면 그냥 수업 레벨을 낮출 게 아니라 좀 더 다른 심리학적 문제로 다루어 접근했어야 하는 것이라고 생각한다.

“ 복잡한 질문에는 단순한 설명이 답이 될 수 있다. ”

14

개성을 키우지 말고 '틀'을 주입해라

뭔가를 배울 때
항상 이치에 맞기란
불가능하며 의미가 없다.
무리해서 이치를 설명하면
모순이 튀어나온다.
때로는
"그게 규칙이야"
"그렇게 정해져 있으니까"
하는 설명이 도움이 된다.

개성보다는 '틀'을 먼저 익혀라

아이들에게 여유와 자유를 주어 각각의 개성을 키우는 교육을 해나간다는 것은 대단히 고상한 이념처럼 보이지만 실제로 그렇게 될 리가 없다. 이는 고지식한 공무원들이 생각할 법한 탁상공론인 것이다.

담임 선생 한 명이 담당해야 하는 반에는 40명 정도의 아이들이 있다. 40명이라고 하면, 딱 프로야구의 일군 등록선수와 같은 숫자다. 그리고 일본 프로야구는 12구단. 프로야구 감독은 일본에 딱 12명뿐인 정예 중의 정예이다. 그러나 그런 감독들조차, 일군 등록 선수 모두에게 신경을 쓰고, 각자에게 적합한 어드바이스를 해주며 개성을 키워나갈 수는 없다. 타격 코치, 피칭 코치, 배터리 코치, 수비 주루 코치 그리고 헤드 코치 등 많은 코치들의 서포트를 받으며 팀을 이끌어가는 것이다.

그런데 엘리트도 아닌 지극히 평범한 교사들이, 40명의 아이들을 어떻게 일일이 정성껏 대할 수 있단 말인가? 아무리 생각해도 힘든 일이다. 만약 교원의 수를 늘려 각각의 반에 5~6명씩의 '코치'를 둔다면 얘기는 달라지겠지만, 현실적으로 40명 전원 각각의 개성을 키운다는 것은 불가능한 일이다.

그렇기 때문에 학교는 철저한 '틀'을 주입시키는 도장(道場)이어야 한다는 것이다.

개성을 키우고 싶으면, 그것은 학교 이외의 장소에서 해라. 아이들의 개성을 찾아내고 키워가는 것은 원칙적으로 부모의 역할이다. 개성을 키우지 못하는 것도, 학력이 저하한 것도 모두 교사의 탓으로 돌리는 것은 말도 안 된다고 생각한다. 선생님들에게 "오늘부터 빡빡하게 주입식 교육을 하세요" 하면 선생님들도 좀 더 큰 성과를 올릴 수 있을 것이다. 그런데 이에 대해 문부과학성이나 보호자들이 '이것도 아니다. 그것도 아니다' 하며 흔들어대기 때문에 현장이 혼란스러운 것이다.

아이와 친구가 되려 하지 마라

앞서 프로 만화가가 되는 방법의 하나가 '모방'이라고 했었다. 내가 좋아하는 만화가 혹은 이 정도라면 나도 그릴 수 있지 않을까 하는 생각이 드는 만화가의 작품을 베끼면서 프로가 가지고 있는 '틀'을 내 것으로 만들어가다 보면 나만의 오리지널 '틀'이 생겨나고 진정한 프로가 되어갈 수 있다.

그렇다면 교육현장에서도 마찬가지가 아닐까?

즉 부모나 교사가 본보기가 되어 '틀'을 실천하고 그것을 아이들에게 흉내 내게 하는 것이다. 솔선하여 아이들에게 흉내를 내게 하려면 부모나 교사가 존경, 동경 혹은 두려워하는 대상이 되어야 한다. 그런 의미에서 나는 최근 '친구 같은 부모' '친구 같은 선생님'이라는 말이 영 마음에 들지 않는다.

부모든 교사든, 어른들은 아이들에게 좀 무서운 존재여야 한다.

아이들이란 어른들이 생각하고 있는 이상으로 예민한 감수성을 가지고 있어 어른이 너무 허물없이 대하면 우습게 보게 된다. 그리고 어른들도 아이들과 친구처럼 지내다 보면, 막상 혼을 내야 할 때 혼을 낼 수 없게 된다.

아이들에게 있어 부모나 교사는 유일하게 '혼낼 수 있는 사람'이어야 한다. 부모도 교사도 야단을 치지 않는다면, 아이는 누구에게도 한 번도 야단을 맞지 않은 채 어른이 되고 그대로 사회로 나가게 될 것이다. 그래서 회사에서 상사에게 작은 꾸지람을 듣는 것만으로도 화를 내거나 낙담을 하게 된다.

아이들이 싫어할까봐 하는 마음은 이해하지만, 그래서는 부모나 교사의 역할을 할 수 없다. 그리고 아이들 입장에서도 야단 맞았으면 하는 순간도 있다. 야단을 맞음으로써 유대감이나 애정을 재확인할 수도 있는 것이다.

불합리한 일에는 단순한 설명이 좋다

2006년 독일 월드컵 결승에서, 프랑스 지단 선수가 이탈리아의 마테라치 선수한테 박치기를 하여 레드카드를 받아 퇴장당하게 되었다.

이 사건에 대해 프랑스 국내에서는 '아이들에게 뭐라고 설명해야 하지?' 하는 비판이 있었다고 한다.

내 대답은 단 하나다.

'그런 거 설명할 필요 없다'이다. 만약, 내가 학교 선생이고, 아이들이 "지단은 왜 그런 짓을 했어요?"라고 물으면 망설임 없이 답할 것이다. "그런 일도 있는 거야."

그래도 아이들이 납득을 못하는 것 같으면 "어른이 되면 알게 돼"라고 답할 것이다. 그걸로 충분하다.

또한 1997년에 고베에서 아동연쇄살인사건이 일어났을 때도, 어느 중학생이 "왜 사람을 죽여야 하죠?"라는 질문을 했을 때 어른들은 누구도 대답을 하지 못했던 일이 있었다. 그런 일에 이유 같은 건 없다. "이유를 알 필요 없어. 그런 일은 그냥 쓰레기 같은 일이야" 왜 이렇게 말을 못하는 것일까?

아이들에게 뭔가를 가르칠 때 항상 이치에 맞게 한다는 것은 불가능하며 그럴 만한 의미가 없다.

무리해서 이치로 설명하려고 하면 반드시 모순이 튀어나온다. 거짓이 들통나는 것이다.

그렇다면 이치에 맞지 않더라도 "그게 규칙이야" "그렇게 정해져 있으니까 할 수 없는 거야"라고 설명하면 된다.

공부도 마찬가지다.

수학을 싫어하는 중학생이 "방정식이 살아가는 데 무슨 도움이 되지?"라는 말을 한다. 그럴 때는 "고등학교에 들어가는 데 도움이 되잖아"라고 답하면 된다. 2차 함수건, 한자건, 플레밍의 법칙이건 전부 "좋은 고등학교, 좋은 대학에 들어가기 위해 도움이 되는 것이다"라고 설명하면 족하다.

그리고 "그렇게 해서 취직 자리나 연봉이 달라지는 거야"라고 대답하면 그걸로 충분하다.

아이들과 같은 시선으로 마주 본다든가, 마음을 터놓고 얘기한다든가, 가족처럼 정성껏 귀를 기울인다든가 하는 대단히 이상적인 교사상을 들을 때도 있지만 그럴 필요는 전혀 없다고 나는 생각한다.

예를 들어 지금 시대에 정말 '긴바치 선생님(金八先生, 1979년부터 2011년까지 32년간 TBS에서 방송된 텔레비전 드라마로 일본 학원 드라마의 금자탑으로 통한다-옮긴이)'과 같은 교사가 있다면 학생들 입장에서는 귀찮기만 할 것이다. 지금의 아이들은 '듣기 좋은 소리가 아닌 진실된 이야기'를 듣고 싶어 하지 않을까?

좀 쓸쓸하고 삭막하지만 '듣기 좋은 소리가 아닌' 쪽이 아이들에게 결과적으로 더 도움이 되며 더 중요하다고 생각한다. 만화 《꼴찌, 동경대 가다》는 바로 그런 생각에서 시작한 작품이었다.

“ 누구에게도 부끄럽지 않은 인생이란 어떤 것일까? ”

15

세상 사는 법을 바르게 익히자

교육이란
부끄러움을
가르치는 것이며
학교 교육은
세상에 나가
유리하게
일을 진행시켜가는
요령을
배우는 것이다.

'부끄러움'의 감각을 알자

아르바이트족이나 니트족의 문제는 가능하면 건드리고 싶지 않은 부분이다. 왜냐하면 개인적으로 전혀 이해가 되지 않기 때문이다. 혼자 살아가는 아르바이트족은 그렇다 치더라도, 집에서 부모와 함께 사는 아르바이트족이나 니트족 혹은 방에 틀어박혀 있는 사람들은 부모의 돈으로 살아가고 있는 것이다.

나는 여기서부터 이해가 되지 않는다. 부모 돈으로 먹고살며, 부모에게 기대어 살아갈 때의 뭐라고 표현할 수 없는 마음 불편함, 혹은 뭔가 켕기는 듯한 불편함을 그들은 느끼지 못하는 것일까?

이것은 부모에게만 한정된 것은 아니다. 나는 되도록 누구에게도 빚을 지지 않고, 스스로의 힘으로 살아가고 싶은 마음이 강하다. 마음에 켕기는 것 없이 누구에게도 부끄럽지 않게 인생을 살고 싶은 것이다. 그런 의미에서 니트족은 보통사람의 도리나 인생의 균형감각이 마비되어버린 사람들이 아닐까 하는 생각이 든다.

그래서 나는 빚을 완전히 갚은 연예인의 뉴스를 보면 '멋있다'라는 생각이 든다.

최근 '빚이 많으면 빨리 개인파산 신고를 해버리면 된다'라는 말을 많이 듣지만 나는 언어도단이라고 생각한다.

빌린 것은 '한 푼도 빼놓지 말고 전액을 갚아야 하는 것'이다. 그것이 세상 떳떳하고 당당하게 살아가는 사람의 길이다.

나오키 상(直木賞) 수상작가인 야마모토 이치리키(山本一力) 씨도 그런 사람 중의 하나다. 그는 '사업 실패로 안게 된 빚을 갚기 위해' 소설가가 되었다는 특이한 이력의 작가다. 어느 인터뷰에서 그는 "소설가가 되자고 마음먹고 나니 더 이상 망설이거나 고민할 필요가 없어서 마음이 편해졌다"고 했다. 그리고 소설가로서 성공한 이유는 "한번 결정하면 한다. 흔들리지 말고 해낸다"라는 각오라고 했다. 그리고 물론 지금은 나오키 상을 수상하여 빚도 다 갚았다고 하니 멋있다고밖에 할 수 없는 인생이다.

이런 사람들의 인생을 보고 '멋있다'는 생각이 든다면 니트족들도 부모의 돈으로 살고 있는 자신을 부끄러워할 것이다. 그리고 그 사람들의 '틀'을 배워야겠다는 생각이 들지 않을까?

그렇다. 니트족은 '나쁜 것'이 아니다. '꼴불견'인 것이다.

그런 의미에서는 니트족에게 선악을 말할 필요는 없으며, 그들에게 논리는 통하지 않는다. 꼴사나운 자신을 허락할지 아닌지 선택일 뿐이다. 스스로 부끄러움을 아는가 하는 문제인 것이다.

이러한 '부끄러움'에 대한 교육이 어렸을 때부터 필요하다.

학교 교육은 학력을 수치화하는 것이다

학력에 대해 많은 사람들이 착각하고 있는 것 같은데 그것은 '진정한 학력은 수치화할 수 없다'는 환상이다. 이와 비슷한 착각으로 '종이 시험으로 그 사람의 가치를 알 수는 없다'는 것도 있다.

둘 다 잘못된 것으로, 학력은 수치화할 수 있으며, 그 사람의 가치도 종이 시험으로 판정할 수 있다.

유토리 교육의 대표적인 폐해는, 학력테스트의 점수가 점점 떨어졌다는 것이다. 이 사실을 접했을 때, "그런 건 기껏해야 종이로 보는 시험 점수일 뿐이잖아"라고 말하는 사람은 아무도 없었다. 속으로는 다들 수치화된 학력을 신봉하고 있는 것이다.

원래 학교라는 것은 '생각할 수 있는 힘을 길러주는 장소'가 아니다.

그 증거로, 학교 수업에서는 항상 '대답해'가 준비되어 있다. 만약 '생각하는 힘'을 키워주고 싶다면 철학과 같은 답이 없는 질문을 하는 것이 제일 좋을 것이다. 그게 아니라 사전에 준비된 '답'에 도달하게 하려고 한다는 것은, 그렇게 하지 않으면 점수를 매길 수 없기 때문이다., 즉 학생들을 수치화할 수 없기 때문이다. 그런 의미에서 생각한다면 학교 교육은 학력을 수치화시키기 위해 있는 것이라고 해도 과언이 아니다.

그리고 '종이 시험으로 그 사람의 가치를 알 수 없다'는 이야기도 난센스다.

하긴 책상에 앉아 치는 종이 시험만으로 그 사람의 가치를 판단하는 것은 무모한 이야기일지 모른다. 그렇다면 도대체 어떤 방법으로 '그 사람의 가치'를 알 수 있을까? 면접을 해도, 학교 내신성적을 봐도 알 수 없다. 물론 이력서를 보고 상상하는 것도 어렵다. 그렇다면 종이 시험이 오히려 무난하고 좀 더 확실하게 수치화할 수 있는 기준이 아닐까?

나는 《꼴찌, 동경대 가다》에서 주인공 사쿠라기의 입을 빌려 "동경대에 들어가면 인생이 바뀐다" "동경대에 들어갈 수 있다면 과는 아무 상관없어"'라고 했다. 동경대에 들어간다는 것은 어디까지나 수단에 지나지 않는다. 동경대에 들어가면 그 후의 인생이 보다 유리하게 전개되어간다는 것뿐이다. 그것과 마찬가지로 수치화되는 학력도 수단에 지나지 않는다.

진정한 학력, 생각할 수 있는 힘이라는 것은, 독학으로 철학책을 보면서 키우면 된다. 시험을 보고 그것을 수치화한다는 것은, 시험으로 보다 높은 점수를 따고, 보다 유리하게 일을 진행시켜가는 '요령'을 시험받는 것이다.

5장 정리

하나 !

아이들에게 자유를 주지 마라.

둘 !

획일적인 '틀'을 주입시키는 것이 의무교육이다.

셋 !

개성은 어른이 도와주지 않아도, 저절로 성장한다.

넷 !

아이들과 친구가 되지 마라,
부모와 교사에게는 야단칠 책임이 있다.

다섯 !

논리로 얘기하지 말고, '틀'로 통솔해라.

제6부

고유한 전통의 '틀'로써 승부하라

16

서구화는 답이 아니다

17

심각하기보다는 인생을 즐겨라

18

진짜 개성은 이렇게 만들어진다

“ 세계의 상식이 아니라 전통 속에서 답을 찾아라. ”

16

서구화는 답이 아니다

일부러
자국의 문화나 풍습을
부정하면서까지
'세계의 상식' 따위를
신봉하는 것은
획일주의적인
사고방식이다.

‘세계의 상식’에 침을 뱉어라!

앞에서도 말했다시피 나는 월드컵 관전을 위해 독일에 갔었다.

중후한 역사를 느끼게 하는 독일의 거리는 멋있었지만, 뭔가 부족한 느낌을 받았던 것도 사실이다. 시간이 그대로 멈춘 채, 거기서 새로운 것이 탄생한다는 에너지를 느낄 수 없었다. 지키는 것만 생각하고, 전진하는 것을 잊고 있는 듯한 생각이 들었다.

한편 일본은 시부야에서도, 신주쿠에서도 항상 공사 중이다. 항상 어딘가에서 낡은 빌딩을 부수고 새로운 빌딩을 세운다. 일본은 보수공사를 해야 할 정도라면 아예 최첨단 설비를 도입하여 새로 짓는, 그런 합리성에 기초를 두고 있다. 덕분에 빌딩가 거리의 풍경은 항상 어수선한 분위기지만 나는 그 속에서 에너지를 느낀다.

적어도 나는 100년 전에도 100년 후에도 전혀 바뀌지 않는 유럽의 풍경보다는 5년 후에 어떻게 되어 있을지조차 예측할 수 없는 일본의 거리 모습이 자극적이어서 좋다. 가능하다면 테

츠카 오사무(手塚治虫) 씨가 만화에서 그린 듯한 미래도시가 되었으면 좋겠다.

갑자기 이런 이야기를 꺼내는 데는 이유가 있다.

다른 나라 사람들이 일본인을 언급할 때 '일본의 상식은 세계의 비상식, 세계의 상식은 일본의 비상식'이라는 말을 자주 듣게 된다.

이 말을 들으면, 일본인은 전혀 국제적인 상식을 모르는, 꼴불견인 민족인 것처럼 생각된다.

'일본의 상식은 세계의 비상식'이라는 것이 도대체 어떤 문제일까?

그리고 '세계의 상식은 일본의 비상식'이라고 치자. 그게 뭐가 잘못인가?

하나에서 열까지 세계와 똑같이 되지 않으면 안 되는 건가?

단언컨대 일부러 자국의 문화나 풍습을 부정하면서까지 '세계의 상식' 따위를 신봉하는 것은 훨씬 더 획일주의적 사고방식이다.

그래서 나는 이렇게 말하고 싶다. '세계의 상식에 침을 뱉어라!'라고.

미국인은 미국인의, 프랑스인은 프랑스인의, 독일인은 독일인의 국민성이 있다. 그리고 그들은 자신들의 국민성을 별로 부끄러워하지 않는다.

그냥 일본인들만 '일본인인 자신'을 못났다고 생각하고 있는 것이다.

왜 이렇게 되어버렸을까? 극동의 섬나라여서? 외국인 콤플렉스?

아마 그런 부분도 있겠지만 일본적인 '틀'을 잃어버린 것이 가장 큰 원인이 아닐까?

미리 말해두지만, 나는 이상한 국수주의가 아니며 국수주의를 부추길 생각도 없다. 단지 자신의 나라의 문화나 풍습에 자긍심을 가지고 싶은 것뿐이다.

일상의 '틀'에 긍지를 가져라

일본에는 노우(能), 가부키(歌舞伎), 라쿠고(落語), 차도(茶道) 그리고 유도, 검도, 스모 등 여러 전통문화가 있다.

이들 전통문화는 아무리 외국에서 새로운 가치관이나 새로운 문화가 들어온다고 해도 미동도 없이 독자적인 스타일을 지키고 있다.

주거, 복장, 식생활은 많이 서구화되었는데도, 전통문화의 흔들리지 않는 강함은 어디서 오는 것일까?

이것은 완전히 '틀' 덕분이다.

나는 학창시절 내내 검도를 배웠는데 이것만큼 불가사의한 경기도 없을 것이다.

특히 중학생이나 고등학생 수준에서는 근력도 체력도 절대로 지지 않을 정도인데, 고단자 아저씨에게 너무나 쉽게 져버리는 경우가 많다. 자칫하다가는 튕겨져 나가버리는 수도 있기 때문에 무섭기까지 하다.

어째서 그런 일이 가능한가 하면 검도만의 '틀'이 있기 때문이라고밖에 말할 수가 없다.

무도라고 칭해지는 것들이 대부분 그렇지만 한번 '틀'을 몸에 익힌 사람은 압도적인 강인함을 자랑한다. 그러니까 아직 '틀'을 익히지 못한 젊은이가 힘만 믿고 덤벼들었다가는, 상대방이 아주 약간 몸을 움직이는 것만으로도 포인트를 비켜나갈 수 있으므로 어이없게 지고 마는 것이다..

그런 의미에서 나는 학창시절에 '틀'의 무서움을 질릴 정도로 맛보았다. 그래서 어른이 되어서도 '틀'의 중요성을 의식할 수 있게 되었는지 모른다.

하지만 '틀'을 실감하기 위해 일부러 검도나 유도를 할 필요는 없다. 왜냐하면 일상생활에서도 우리는 많은 '틀'을 실감하고 있기 때문이다.

예를 들어 일본식 방에서 연장자와 마주 대할 때는 누구라도 정좌를 하게 된다. 그러면 등 근육이 쫙 펴지고 그것만으로도 예의 바르고 늠름한 기분이 될 것이다.

그리고 상대방이 '편하게 앉으세요' 하여 다리를 펴고 편하게 앉으면 기분까지 풀어져 편해질 수 있다. 이런 건 이해가 금방 되는 '틀'의 일례다.

그리고 붓으로 편지를 쓰면 왠지 모르게 엄숙한 기분이 되며, 게다를 신고 걸으면 왠지 호쾌한 기분이 든다. 신칸센에서 후지산이 보이면 무의식중에 숨을 삼키게 되며, 만개한 벚꽃을 보는 것만으로 행복한 기분이 든다.

이런 건 일본인의 DNA라고 할 수 있을 것이다.

평상시엔 서구화된 생활을 하는 우리도 '틀'에 몸을 맡기면 마음에 미묘한 변화가 생기는 불가사의한 것이다.

우리의 '틀'이라는 것은 노우나 가부키 같은 전통문화 안에만 살아 있는 것이 아니다. 일상생활의 모든 면에 '틀'이 있기 때문에 우리의 마음이 움직이는 것이다. 우리가 그런 '틀'을 가지고 있는 것에 대해 좀 더 자랑스러워해야 할 것이다.

'틀'이 있으면 품격은 따라온다

최근 '품격'이라는 단어를 자주 듣게 된다.

그렇다면 어떻게 해야 품격이 몸에 붙을까?

무엇을 기준으로 '저 사람은 품격이 있다'고 느끼거나 판단하는 것일까?

그것이 바로 '틀'의 영역이다.

'틀' 안에 노우나 쿄겐(狂言), 일본무용 등에서 볼 수 있는 섬세하고 우아하고 흐르는 듯한 움직임이 담겨 있는 것이다. 긴 역사 속에서 완성된 '틀'을 몸에 익힘으로써, 거기에 적합한 그윽하고 고상한 몸짓, 아름다움 그리고 품성을 다듬어가는 것이다.

그리고 젓가락 쥐는 법이나 테이블 매너, 격식을 차리는 인사나 가벼운 인사 등도 우리 주변에서 흔히 접할 수 있는 하나의 '틀'이라고 할 수 있다.

이런 '틀'을 제대로 몸에 익혀 자연스럽게 실천하는 사람을 보면, 우리는 그에게 아름다움을 느끼며 그 모습이나 행동거지에 신뢰나 존경심을 가지는 것이다.

여기서 명심해야 할 것은, 어디까지나 '틀'이 먼저 있다는 것이다.

즉 그 사람의 성격이나 근성이 어떠하든, 별로 관계없다.

'틀'만 제대로 잡혀 있으면 '품격'은 저절로 따라오는 것이다.

그러고 보면 스모의 세계에서는 '지위가 사람을 만든다'는 말이 있다.

세키토리(関取, 스모에서 상위 등급에 속하는 선수-옮긴이)가 되고, 산야쿠(三役, 스모에서 요코즈나 다음으로 높은 세 등급[大関·関脇·小結]의 총칭. 그러나 大関는 특별한 지위이므로 関脇·小結만을 지칭하는 경우가 많다-옮긴이)가 되고, 오제키(大関)가 되고, 요코즈나(横綱. 스모에서 최고 지위)가 된다.

그렇게 지위가 올라가면서 스모 선수들은 스모 경기장에 들어설 때부터 다양한 '틀'을 몸에 익힌다. 그러면서 자연스럽게 '품격'을 키워가는 것이다.

이는 복싱이나 레슬링 같은 서양의 격투기에서는 볼 수 없는 것이다.

아이들에게 야구나 축구, 복싱을 가르치는 것도 좋지만, 앞으로의 시대에 무도의 길을 나아가게 하는 것도 좋을지 모른다.

“ 일은 자신의 표현이기 전에
'다른 사람의 수요에 답하는 것'이다. ”

17

심각하기보다는 인생을 즐겨라

내가 중요하게 여기는 것은
이른바 '장사꾼 정신'으로
에도 시대 상인들이 가지고 있었던
윤리관 혹은 강인함,
배짱 등을 규범으로 삼고 싶다.
내가 익히고 싶은 것은
무사도 정신이 아니라
장사꾼 정신인 것이다.

현실적인 장사꾼 정신이 즐겁다

일본인으로서의 자존심을 되찾으려고 하는 사람들의 대부분은 규범이 될 만한 '틀'을 탐색한 결과, '무사도'에 도달하게 되었다고 말한다.

'무사도'란 스스로 엄하게 규제하며, 주군에게는 충성을, 부모에게는 효도를, 부하들에게는 인자함을 그리고 모두를 공정하게 존중하며 부보다는 명예를 더 귀하게 여기는 금욕적이고 훌륭한 윤리관이다.

'무사도 정신'이나 《하가쿠레(葉隠, 1716년경 쓰여진 11권의 서적으로, 무사로서의 마음가짐에 대한 내용이 담겨 있다 - 옮긴이)》의 유명한 한 구절 '무사도라는 것은 죽는 것과 익숙하거나(武士道というのは死ぬことと見つけたり, 무사는 어떻게 살 것인가와 동시에 어떻게 죽어야 하는가를 생각한다. 언제라도 죽을 수 있는 용기를 가진다는 것은 무사가 정의로움으로 산다는 것을 보증한다. 만약 두 가지 길이 있는데 같은 확률이라면 무사는 죽을 가능성이 높은 쪽을 택한다 - 옮긴이)'라는 말은 너무나 근사하다.

하지만 나는 무사도 정신 따위는 배울 생각이 없다.

내가 중요하게 여기는 것은 이른바 '장사꾼 정신'으로, 에도 시대의 상인들이 가지고 있었던 윤리관 혹은 강인함, 배짱 등을 규범으로 삼고 싶다. 내가 익히고 싶은 것은 무사도 정신이 아니라 장사꾼 정신인 것이다.

삭막한 얘기일지 모르지만 일본이라는 나라는 '돈이 있어야만 하는' 나라다.

땅을 파도 석유 한 방울 안 나오며, 지리적으로도 동쪽 끝에 있고, 금광도 다 캐내어 버렸으며, 천연자원을 생각해보면 이렇다 할 만한 기간산업이 생겨날 수가 없는 나라다. 하물며 군사력으로 다른 나라를 위협하는 일은 당치도 않은 일이다.

그래서 일본이 살아남기 위해서는 공업국가가 되는 수밖에 없으며 장사를 할 수밖에 없다. 공업제품과 돈으로 승부할 수밖에 없는 것이다.

그렇다면 무사도 운운하며 근사한 말을 할 게 아니라 좀 더 현실적인 장사꾼이 되어야 한다.

그리고 장사꾼(혹은 직공을 포함한 '상공계급')의 역사를 찾아보면 찾아볼수록 재미있는 걸 알게 된다. 에도 시대의 무사는 한 푼도 벌지 않는 그냥 하급 관료이며, 공무원이었다. 그래서 "무사는 냉수 먹고 이 쑤신다"라는 말이 있을 정도로, 그들의 생활은 소박했다. 그리고 에도 시대에는 고쿠다카(石高, 에도 시대에, 쌀로 준 무사의 녹봉 수량-옮긴이)가 통화의 기준이었기 때문에 상인이나 직공은 과세의 대상이 되지 않아 꽤나 자유로웠고, 상공계급은 그 장점을 충분히 활용했다.

거리마다 조합을 만들어 경제를 발전시키고, 환전상이라는 은행을 만들고, 스스로의 부담으로 소방단과 경찰을 조직하고, 토목사업도 스스로의 조합으로 운영했다.

그리고 에도와 오사카를 잇는 동해도로로 대표되는 유통망과 교통망을 전국 각지에 뻗치게 했고, 파발제도를 정비하여 사람과 물자 그리고 정보의 흐름을 활성화시켰다.

그리고 무엇보다 상공계급은 인생을 마음껏 구가했다.

그 시대에 번영했던 가부키도, 스모도, 우끼요에(浮世絵, 에도 시대 서민계층을 기반으로 발달한 판화 형태의 풍속화-옮긴이)도 모두 상공계급 문화 속에서 융성했던 것이다. 《콧케이홍(滑稽本, 대화를 풀어 쓴 평이한 문장으로, 단순한 말 걸기, 상식에서 벗어난 언동, 음담패설 등으로 대중적인 독자들의 웃음을 유발한 책-옮긴이)》으로 불렸던 코미디, 그리고 춘화(春畫)와 같은 포르노도 번창했다.

그렇게 생각하면 그들은 지금의 일본인보다 더 즐거운 인생을 보냈던 것이 아닌가 생각이 든다.

가난하더라도 왠지 멋있어 보이는 무사도를 선택할까?

아니면 현실적이고 즐거움을 좇는 장사꾼의 길을 선택할까?

나라면 분명 후자를 선택할 것이다.

일하는 목적은 즐거운 인생을 위해

일본적인 상도를 갈고 닦은 결과, 1980년대 일본인들은 '경제적 동물'로 회자되었다.

전후 허허벌판이었던 일본은, 놀랄 만한 속도로 고도성장을 이루었고 세계 제2위의 경제대국으로 뛰어올랐는데, 이 기적적인 부흥의 그늘에 있었던 것은 무사도 정신이 아니라 대단히 거침없었던 장사꾼 정신이었다.

예전에 사카구치 안고(坂口安吾, 전쟁 전후에 걸쳐 활약한 근현대 일본문학을 대표하는 작가 중 한 명 - 옮긴이)가 《일본문화사관(日本文化私觀)》이라는 작품에서 쓴 한 구절이다.

일본의 문화라는 것은 호류지(法隆寺, 일본 나라 현에 있는 절로 일본에서 가장 오래된 목조건물 - 옮긴이)나 뵤도인(平等院, 교토부 우지시에 있는 사원으로 세계유산에 등록되어 있다 - 옮긴이)에 있는 것이 아니다. 그런 건 다 타버려도 상관없으며 주차장으로 만들어버려도 괜찮다. 그렇다고 해서 일본의 문화가 사라지지는 않는다. 오히려 겹겹이 늘어서 있는 판잣집 속에야말로, 일본의 아름다움이 있다. 그리고 교토의 사원이나 나라의 불상이 다 타버리는 것은 괜찮지만, 전차가 멈춰버리면 곤란하다.

내가 중후한 독일의 거리 모습보다도 시부야나 신주쿠를 더 매력적으로 느끼는 것은 아마 이런 이유에서일 것이다.

나에게 있어 만화가라는 직업은 '일'이다.

하나의 일로서, 어떤 의미에서는 가벼운 마음으로 그리고 있는데 이것이 잘못된 것이라고는 전혀 생각하지 않는다. 일에 대하여 가끔 '나 자신을 표현하는 것'이라고 생각하고 있는 사람도 있지만 그건 대단한 착각이다.

일이라는 것은 '다른 사람의 수요에 답하는 것'이다.

나를 표현하는 것이라든지, 자기실현이라든지, 그런 말랑말랑한 생각으로는, 아무리 시간이 흘러도 일이 되지 않는다. 다른 사람의 수요에 응답할 수 없다면 돈이 되지 않는다는 말이다. 그래서 나는 스태프들에게도 '돈이 될 수 있는 만화를 그리라'고 주문한다.

잘 그린다든지, 재미있게 그린다든지가 중요한 것이 아니라,

돈이 될 수 있는 것을 그려야 한다. 잘한다든지, 재미있다든지와 같은 막연한 목표가 아니라 '과연 이 만화로 돈을 벌 수 있을까'를 생각하면서 하라는 것이다. 왜냐하면 그것이 프로이기 때문이다.

그런 의미에서 일본인을 경제적 동물이라고 부르는 것을 나는 극찬이라고 생각한다. 일본인을 경제적 동물이라고 야유하는 외국인들은 "일본인은 일만 하면서 도대체 뭐가 즐겁지?"라고 묻는다.

그렇다면 나는 "너희들은 그렇게 놀기만 하면서 도대체 뭐가 즐겁지?"라고 묻고 싶다.

일을 하고 있으면 충일감과 성취감을 맛볼 수 있으며, 물론 돈도 벌 수 있다. 돈을 버는 이유는 가족을 위해서도, 한층 더 나아가서는 사회를 위해서이기도 하다.

이것이 왜 부정되어야 하는지 나는 정말 이해가 안 된다.

일하지 않는 자 먹지도 말라는 말도 있지 않은가?

경제적 동물이란 장사꾼 정신을 자극하는 최고의 단어다.

당당하게 겉치레로 살아가자

일본인의 단점으로 자주 거론되는 것이 '속마음과 겉치레'다.

얼굴은 생글생글 웃고 있지만, 아무래도 속마음은 다른 것 같으며, 말하고 싶은 것이 있으면 시원하게 말을 하면 될 텐데, 겉치레로만 알맹이 없는 이야기를 한다고 한다.

이는 변명의 여지가 없는 사실로, 일본인은 겉치레 속에 속마음을 숨기고 있으며, 마음속에 무슨 생각을 하고 있는지 모를 때도 많다.

그런데 모두 속마음을 툭툭 털어놓는 세상이 과연 좋은 것일까?

나는, 겉치레는 하나의 예의범절의 방법이다라고 생각한다. 우리가 사람들을 만나면 인사를 하듯이, 인사를 함으로써 서로 예의를 지키며 좋은 분위기가 만들어지고 서로 대화를 이어가듯이 겉치레는 인사와 마찬가지의 역할을 하고 있는 것이다.

이런 것들이 있기 때문에, 국토가 좁고 인구밀도가 높은 이 나라에서도 어떻게든 복잡한 인간관계를 원활하게 맺어갈 수가 있는 것이다. 단정적인 표현을 하지 않고, 애매함을 남기는 일본말도 같은 이유에서 현재와 같은 형태로 발전해왔다.

우리는 몇 시간에 걸친 상담도 웃는 얼굴로 그리고 겉치레만으로 해낼 수 있다. 그리고 누구도 상처받지 않은 채 '어쨌든 그렇지는 않을 것 같군' 하고 나름대로 추측하며 그대로 자리를 뜰 수 있는 것이다.

시끄럽게 속마음을 털어놓으며 서로 의견이 부딪히는 논쟁이란, 일본인의 감각으로는 '품위가 없는' 인간이 하는 짓이다. 예의를 모르는 답답한 행동일 뿐이다.

그래서 그런 '세계의 상식'에는 작정하고 침을 뱉자.

겉치레와 애매함 속에서도 커뮤니케이션이 되는, 상대방의 기분을 헤아릴 수 있다는 것은 멋지지 않은가? 속마음을 숨기고 산다는 것이 답답하다고 생각할지 모르지만, 실제로는 반대다.

특히 이런 좁은 나라에서는 더더욱 그렇다.

지금부터는 당당하게 겉치레로 살아가자.

어떤 일이라도 ‘모두가 속마음을 서로 얘기할 수 있는 회사’ 따위는 찾을 생각도 하지 말아야 한다.

평범한 '틀' 속에 멋이 있다

처음으로 일본을 방문하는 외국인을, 당신이 관광 안내를 하게 되었다고 하자.

이때 당신은 그를 어디로 데려갈 것인가? 아마 대부분의 사람이 교토나 나라라고 답할 것이다.

하긴 교토나 나라에 남아 있는 수많은 불각은, 일본의 전통을 소개하는 데 적합하며 외국인들에게도 호응을 얻을 것이다.

그러나 그걸로 정말 '일본을 보여줬다'고 말할 수 있을까?

나라면 나라나 교토가 아닌, 평범한 거리를 안내하겠다.

그러면 줄을 서서 전철을 기다리는 사람들을 보게 될 것이다. 급한 사람들을 위해 한쪽을 비워두고 에스컬레이터를 타는 사람들을 보게 될 것이다. 그리고 차가 다니지 않는데도, 신호가 녹색으로 바뀔 때까지 횡단보도 앞에서 기다리는 사람들을 목격하게 될 것이다. 그리고 발 밑에 짐을 두고 있어도 혹은 지갑을 떨어뜨려도, 누구도 주워가지 않는 광경도 보게 될 것이다.

이런 평범한 거리에 흐르고 있는 일본의 암묵의 '틀'을 보여준다면 일본이나 일본인의 훌륭함을 훨씬 이해하기 쉬울 것이다.

물론 교토나 나라도 멋있고, 노우나 가부키도 좋고, 비싼 스시집에 데려가는 것도 좋다.

하지만 일본에는 좀 더 멋있고 훌륭한, 숨겨져 있는 '틀'이 있는 것이다.

일부 평론가들은, 일본인은 사람이 너무 좋다고 말한다. 그런 성향이 일본의 외교나 국제적인 비즈니스에도 드러난다고 말한다. 그래서 터프한 교섭은 잘 못한다고 한다. 나는 그것이 왜 잘못된 것인지 전혀 이해가 되지 않는다.

아무리 거친 교섭을 잘한다 하더라도 치안이 나쁜 나라는 사절이다.

그것보다는 길을 비켜주고, 자리를 양보하고, 주운 물건을 찾아주는 사람 좋은 나라에 살고 싶다. 그리고 실제로 우리는 그런 나라에 살고 있다.

18

진짜 개성은 이렇게 만들어진다

'누군가에게 도움이 되는' 혹은
'누군가가 원하는 것' 이야말로
최대의 개성이다.
누군가에게 도움이 되고
누군가가 원하고,
누군가로부터 감사를 받는 것이
그 사람의 존재 가치이며
개성이 있다는 증거다.

항상 다음의 '틀'을 생각해라!

이 책에서는 계속 '틀'의 중요성, 유효성에 대해 이야기해왔는데 물론 '틀'이 만능은 아니며 거기에는 결점도 있다.

그 최대 결점은 '성장이 멈춰버리는 것'이라는 위험성일 것이다.

예를 들어 A라는 만화가가 법정 드라마 만화로 큰 히트를 쳤다고 하자. 그러면 그 '법정 드라마'라는 '틀'을 베낀 만화가 속출한다. 이미 '법정 드라마'의 마케팅은 완성되어 있으므로 팬들도 받아들이기 쉽고 나름대로 히트를 친다.

그러나 그때 A씨는 벌써 앞으로 나아가고 있다. 포화 상태가 된 마케팅에 가망 없다고 포기를 하고, 새로운 시장 개척, 새로운 '틀'을 창출하려고 하고 있다.

그리고 얼마 후 '법정 드라마' 시장은 한물 가고, 그걸로 먹고 살고 있던 만화가들은 속속 연재가 없어지고 만다. 물론 그때 A씨는 다른 새로운 마케팅을 개척하여 거기서 새로운 히트작을 만들어내고 있다. 이해가 쉽도록 만화계의 이야기로 설명해봤지만 이런 예는 어느 사업분야에서도 볼 수 있을 것이다.

그렇다고 해서 ‘틀’을 추종하는 것이 잘못됐다고 말하는 것은 아니다.

마케팅이라는 것은, 그것을 ‘개척하는 사람’과 ‘성숙시키는 사람’에 의해 만들어지는 것이므로 선구자가 있으면 추종자가 있는 것은 당연하다. 오히려 추종자가 나오지 않고 마케팅이 확대되지 않으면, 선구자도 결코 대성할 수 없다.

그런데 추종자로서 성공을 거두는 것이 그다지 어렵지 않았기 때문에, 거기에 안주해버리는 사람은 시장의 축소와 함께 사라져버리는 것이다.

베끼는 것은 전혀 개의치 않지만 어디까지나 모방은 ‘계속’하면 안 된다.

항상 안테나를 바짝 세우고 지금부터 잘될 것 같은 마케팅을 눈여겨보며 새로운 ‘틀’을 찾아야 한다. 그렇게 해서 이른바 ‘탈피’를 반복해야 성장을 지속시킬 수 있다.

젊은 시절의 나는 새로운 기획을 생각할 때 항상 ‘빈틈’을 노렸다.

예를 들어 A라는 만화가가 있는데 거기에서 일을 하고 싶으며, 어떻게 해서든 잡지에 연재를 하고 싶다고 하자. 그럴 때 나는 내가 '잘하는 분야'나 '하고 싶은 것' 등으로 승부를 건 것이 아니라 시중에 나와 있는 만화잡지를 들춰보며 '비어 있는 구석'을 찾았다.

예를 들어 스포츠만화가 있고, 학원물이 있고, 비즈니스물, 형사물도 있다.

그렇다면 어떤 장르가 '공석'인 것일까? 이 만화잡지에는 무엇이 부족한 걸까?

그런 식으로 '거기에 없는 것'을 찾아내어 그걸로 승부를 보는 식으로 작업을 해왔고, 그만큼 작품으로서의 상대적인 가치가 올라가는 것을 느낄 수 있었다. 그 후에는 기본적인 흐름을 따라 일을 하면서 여기저기서 자신의 색깔을 내기 시작하는 방식으로 프로 만화가로서의 자리를 잡게 되었다. 여기에 선견지명 따위는 필요 없다. 단지 '거기에 없는 것'이라는 새로운 '틀'을 찾는 것이 가능하다면 그걸로 족하다.

소니나 혼다, 파나소닉 같은 일류 기업들도 이런 발상으로 성장하지 않았을까?

그래도 개성을 갖고 싶은 당신에게

반복하여 말하지만, 나는 개성을 모두 부정하는 것이 아니다.

나에게도 개성은 있고, 우리 스태프 모두에게도 각각의 개성이 있고 물론 당신에게도 개성이 있다.

내가 말하고 싶은 것은 '다른 사람과 다른 것'이 개성은 아니라는 것이다.

예를 들면 유일한 나(only one)라든지 오리지널(original) 같은 것을 동경하는 사람은 자신을 한 송이 호접란처럼 생각한다. 호접란은 주위의 꽃들과는 다른 압도적인 존재감으로, 다른 것을 위압하는 듯한 꽃으로 알려진 난의 한 종류이다. 어리석은 사람들은 그런 것이 개성이며 스스로도 그렇게 되어야 한다고 생각한다.

그러나 몇만 송이를 피우는 유채꽃밭의 한 송이에도 개성은 있다.

같은 장소에서 피고, 같은 색을 띠고, 비슷한 크기로, 멀리서 보면 전혀 구별이 되지 않을 정도의 꽃이지만 거기에도 개성은 있다. 어떤 유채꽃이라도 그 꽃의 꿀을 모으는 벌이나 나비가 있으며, 그들을 경유하여 꽃가루받이를 하는 다른 꽃도 있다. 그리고 씨앗이 만들어지면 채종유의 원료로 인간들이 소중하게 여긴다. 즉 누군가에게 도움이 되고 있는 것이다.

나는 이 '누군가에게 도움이 되는' 혹은 '누군가가 원하는' 것이야말로 최대의 개성이라고 생각한다. 별 의미도 없이 유달리 눈에 띄거나, 괴짜가 되는 것이 개성이 아니라는 말이다.

누군가에게 도움이 되고, 누군가가 원하고, 누군가로부터 감사를 받는 것이 그 사람의 존재가치이며 또한 개성이 있다는 증거다.

그러니까 '나는 평범한 샐러리맨입니다'라든지 '나는 그저 평범한 주부입니다'라고 생각하는 사람이 있다면 그것은 잘못된 생각이다. 어떤 일이건 예를 들어 서류에 도장을 찍는 단순한 일이라도 거기에는 '당신'이 필요한 것이다. 그 일은 '당신'이 있기 때문에 돌아가고 있는 것이다.

주부들도 마찬가지다. 매일 식사 준비를 하고, 청소를 하고,

세탁을 하고 남편이나 아이들의 생활을 지탱해주고 있다. 이것만큼 명확하게 누군가에게 도움이 되고 있다는 예, 누군가가 원하고 있다는 예는 그렇게 많이 볼 수 있는 것은 아니다.

필시 당신은 누군가에게 도움이 되고 있다.

자신도 모르는 곳에서 누군가가 당신을 원하고 있으며, 자신도 모르는 사이에 그것에 답하고 있다.

그런 의미에서 당신은 이미 충분할 정도로 개성적이며 그 개성과 존재가치는 계속 유지되어가는 것이다.

6장 정리

하나 !

‘세계의 상식’ 따위, 침이라도 뱉어라.

둘 !

자랑할 만한 일본의 ‘틀’을 되찾자.

셋 !

‘틀’이 있으면 품격은 저절로 따라온다.

넷 !

대단히 거침없었던 ‘장사꾼 정신’에서 배워라.

다섯 !

속마음을 숨기고, 겉치레로 밀고 나가라.

여섯 !

진정한 개성이란 ‘누군가에게 도움이 되는’ 것이다.

'틀'을 익힌 다음에는
탈피를 반복해야 성장한다.

“ 개성 따위는 버리고 틀을 따라가라. ”

에필로그

모든 답은 '평범함'에 있다

포맷,
즉 틀이 있으면 미리
'가능한 것'과
'가능하지 않은 것'이
명확해진다.

개성 따위는 버리고 일단 '틀'을 따라가보라.

이 세상은 그렇게 하면 잘 굴러갈 수 있게 되어 있다.

개성 따위에 연연하고 있으니까 거기서 한 발짝도 못 움직이는 것이다.

내가 이 책에서 하고 싶었던 말을 요약하면 대략 이런 느낌이다.

처음엔 어처구니없는 이론(異論)이라고 생각했던 분들도 여기까지 읽어주셨으니, 어느 정도는 납득하지 않았을까?

만화라는 미디어는 겉보기와 다르게 의외로 제약이 많은 표현 방식이다.

색은 흑백이며, 소리도 없으며, 물론 그림은 멈춘 채로 움직이지 않는다.

그리고 쉽게 읽혀야 하기 때문에 대사의 양도 한정되어 있고, 나레이션의 설명을 많이 넣을 수도 없다.

연재물이라면 페이지 수도 제한되어 있다.

게다가 귀찮은 것은, 배경까지 열심히 그리지 않으면 등장인물들이 어디에 있는지조차 독자들에게 전달이 되지 않는다.

그래서 만화가는 '그림 그리는 사람'이라기보다는 '각본가'로서의 재능이 더 요구된다고 생각한다.

그런 의미에서 이번에 이렇게 일반서 형식으로 내 생각을 털어놓을 수 있었던 것은, 새로운 제약에 대한 도전이기도 하며 지금까지 죄어왔던 제약으로부터의 해방이기도 하다.

이것은 만화를 그리면서도 생각하는 것인데, 어떤 내용의 표현이라고 해도 어느 정도의 제약이 있는 편이 실은 작업하기가 쉽다.

포맷 즉 '틀'이 있으면 미리 '가능한 것'과 '가능하지 않은 것'이 명확해진다. 소리를 낼 수 없다든지, 움직일 수 없다든지, 색을 칠할 수 없다든지, 다양한 '가능하지 않은 것'을 알 수 있다.

그렇게 하면 그냥 '가능한 것'만 노력하면 되니까 쓸데없는 것을 생각하지 않고 일을 할 수 있는 것이다.

이 책이 독자들에게 어떻게 받아들여질지 나는 모른다.

혹시 자신을 부정당했다는 느낌을 받은 분도 있을 것이고, 꿈도 희망도 없어졌다고 생각하는 분도 있을지 모른다.

하지만 잘 생각해보면 그렇지 않다는 것을 알게 될 것이다.

나는 천재도 아니고 대단한 노력가도 아니다.

그래도 만화가가 되어 이렇게 먹고살 수 있게 되었다.

어떻게 그런 게 가능했을까?

나는, 그 답을 이 책에 가득 담는 생각으로 썼다.

나의 마음이 한 사람이라도 더 많은 독자들에게 전해졌으면 한다.

미타 노리후사

옮긴이 **강석무**

초등학생 때 일본 게임을 번역된 매뉴얼 없이 해보고 싶다는 생각으로 일본어 외길을 걸어온 지 어느새 30년 가까이 되어간다.
한양대학교 일어일문학과를 졸업했으며, 현재는 한국외국어대 일본어교육대학원을 다니면서 동경대 일본어 박사과정을 준비하고 있다. 니콘 프레시전코리아 소속으로 기업에서 2년간 현장 통역으로 근무했고, 2013년부터 현재까지 강남과 분당의 일본어학원에서 일본어를 가르치고 있다.
또한, 현재 NSLA 원어민 강사회 소속으로 번역가 활동을 하고 있으며 일본어 관련 커뮤니티를 운영하고 있다.

KI신서 6479

평범함의 힘

모두가 따르는 틀에 답이 있다

초판 1쇄 인쇄 2016년 3월 25일
초판 1쇄 발행 2016년 4월 4일

지은이 미타 노리후사 **옮긴이** 강석무
펴낸이 김영곤 **펴낸곳** ㈜북이십일 21세기북스
해외사업본부 간자와 타카히로, 황인화
디자인 표지/본문 씨디자인: 조혁준 함지은 조정은 김하얀
제작팀 이영민
출판영업마케팅팀 안형태 이경희 김홍선 최성환 정병철 이은혜 백세희
출판등록 2000년 5월 6일 제10-1965호
주소 (10881) 경기도 파주시 회동길 201(문발동)
대표전화 031-955-2100 **팩스** 031-955-2151 **이메일** book21@book21.co.kr
홈페이지 www.book21.com **블로그** b.book21.com
트위터 @21cbook **페이스북** facebook.com/21cbooks

ISBN 978-89-509-6426-9 03320
책값은 뒤표지에 있습니다.